HEYNE KOCHBÜCHER

Ursula Fabian

Die traditionelle Mexikanische Küche

Über 100 Rezepte aus dem Land der Maya von Enchilada bis Mole

Originalausgabe

WILHELM HEYNE VERLAG

MÜNCHEN

HEYNE KOCHBUCH
07/4649

Copyright © 1992
by Wilhelm Heyne Verlag GmbH & Co. KG, München
Printed in Germany 1992
Umschlaggestaltung: Atelier Ingrid Schütz, München
Umschlagfoto: Fotostudio Pete Eising, München
Innenfotos: Fotostudio Pete Eising, München (4); Gruner & Jahr,
Hamburg (5); Komplett-Büro, München (2); Studio Leveque, München (1)
Satz: Schaber Datentechnik, Wels
Druck und Bindung: RMO-Druck, München

ISBN 3-453-06072-5

INHALT

Abkürzungen und Erklärungen:

EL = Eßlöffel
TL = Teelöffel
Msp = Messerspitze
g   = Gramm
kg = Kilogramm

Wenn nicht anders verzeichnet, sind alle Rezepte
für 4 Personen berechnet.

Einführung

Was wir heute unter der »traditionellen« mexikanischen Küche verstehen, ist eine Küche, die aus der Begegnung der Neuen Welt mit der Alten Welt hervorgegangen ist. Vieles, was als typisch mexikanisch angesehen wird, haben die Ureinwohner Mexikos, die Azteken und die Maya, nicht gekannt. Vor der Ankunft von Kolumbus in der Neuen Welt gab es dort keine Gerichte mit Rindfleisch, Schweinefleisch, Lammfleisch oder Hühnerfleisch. Unter den wenigen Tieren, die zur Nahrung dienten, waren Truthähne, Enten und auch Insekten, aber weder Schwein noch Rind. Aztekische »Urküche« wird heute, meist in Mexiko City, nur noch in wenigen Spezialitätenrestaurants serviert, die sich der Erhaltung der vorkolumbianischen Tradition verschrieben haben.

Als die Spanier und Portugiesen im 16. Jahrhundert Lateinamerika kolonialisierten, brachten sie aus dem Mittelmeerraum ihre Haustiere mit (Pferd, Rind, Schwein, Ziege, Huhn) und eine reiche Vielfalt an Gemüsen und Gewürzen — von den Zitrusfrüchten bis Zimt und Zwiebeln, vom Weizen und Reis bis zum Zuckerrohr. All dies verband sich — teils erzwungen, teils von selbst — mit der einheimischen Küche der Indianer. So entstanden in Lateinamerika eine Reihe von Küchen, die insgesamt als kreolische Küchen bezeichnet werden. Sie sind unterschiedliche Kombinationen von indianischen und spanisch-portugiesischen Elementen.

Unter diesen kreolischen Küchen ragt die mexikanische bei weitem heraus. Sie hat sich viel von ihrem vorkolumbianischen Erbe bewahrt und ebensoviel von der mediterranen, durch die Araber beeinflußte Küche Spaniens aufgenommen. Sie gewann damit einen eigenen, durch Originalität und Vielfalt ausgezeichneten Charakter.

Die Spanier fanden in Mexiko eine hochentwickelte Landwirtschaft vor. Felder mit ausgeklügelten Bewässerungssystemen waren in Terrassen angelegt. Auf dem Texcoco-See wurde in schwimmenden Gärten (Chinampas) das Gemüse für die Märkte Tenochtitláns, der Hauptstadt des Aztekenreiches, angebaut. Die spanischen Chronisten erzählen von riesigen täglichen Märkten in der Hauptstadt mit einem überwältigenden Angebot. Der spanische Mönch Bernardino de Sahagún berichtet von verschwenderischen Festessen des Aztekenherrschers Montezuma. Dieser bewirtete die Spanier mit zahlreichen Sorten Tortillas und Tamales; mit Gerichten von Truthähnen in Saucen (Moles) aus Tomaten, Chillies und Kürbiskernen; mit Vögeln in Chilisaucen; und mit verschiedenfarbigen, durch Vanille oder Chili gewürzten Schokoladengetränken, die in goldverzierten Kalebassen gereicht wurden.

Die tägliche Nahrung des einfachen Volkes bestand indessen hauptsächlich aus Mais, Bohnen, Chillies sowie Kürbisgewächsen und Tomaten. Fleisch und Fisch wurde geröstet, in Wasser oder im eigenen Saft gegart und nur an Festtagen verzehrt. Fett zum Braten war unbekannt. Zum Süßen wurde Honig verwendet.

Mit der Eroberung der Hauptstadt Tenochtitlán im Jahre 1521 durch die Spanier begann die Kolonialzeit, die bis zur Ausrufung der Unabhängigkeit im Jahre 1821 dauerte. Eine koloniale mexikanische Küche entwickelte sich. Die Spanier begeisterten sich für Mais, Bohnen, Chillies und Tomaten, für Kakao und für den Truthahn, den sie als eine Art Pfau ansahen. Die indianische Küche griff Öl und Schweineschmalz und damit das Braten in Fett als neue Garmethode auf. Die Spanier brachten ihre Gewürze sowie Weizen und Reis, Zitrusfrüchte und Melonen, Aprikosen und Pfirsiche, Äpfel und Birnen nach Mexiko.

In den Klöstern wurden die altindianischen Saucen, die *Moles,* verfeinert und mit Gewürzen wie Oregano, Kreuzkümmel und Zimt sowie Zwiebeln und Knoblauch dem spanischen Geschmack angepaßt. Die Nonnen von Puebla verrieben Zucker und Zimt, spanische Mandeln und arabische Sesamsamen mit mexikanischen Erdnüssen, Tomaten, Tomatillos, Chillies und Schokolade zur Mole Poblano, einer Sauce, in der sowohl der mexikanische Truthahn wie das aus Spanien mitgebrachte Huhn gegart wurden. So entstand ein Festtagsgericht, die *Mole Poblano,* die heute das Nationalgericht Mexikos ist.

In der Guacamole vermischten sich mexikanische Avocados, Chili und Tomaten mit spanischen Zwiebeln, Knoblauch und Koriander. Spanisches Gebäck aus Weizenmehl und süße Eierspeisen würzten die Nonnen mit mexikanischer Vanille. Die bittere Schokolade Montezumas wurde nun mit Milch gekocht und mit Zukker gesüßt.

Im 19. Jahrhundert orientierte sich die mexikanische Oberschicht, die sich von der spanischen Kolonialküche zu lösen suchte, an der europäischen, besonders an der französischen Eßkultur. Man trank französische Weine. Französische Bäcker und Konditoren kamen ins Land und brachten knusprige Brötchen, cremegefüllte Kuchen und raffinierte Desserts mit, die in Mexiko noch immer geschätzt werden. Deutsche Brauer begannen Bier in Mexiko zu brauen, das bald ebenso beliebt war wie *Pulque,* das heimische Agavengetränk.

Neuerdings macht sich der amerikanische Einfluß in den mexikanischen Eßgewohnheiten geltend. Supermärkte mit abgepackten Waren lösen die alten Straßenmärkte ab. Fertigprodukte der Nahrungsmittelindustrie wie Ketchup und andere Flaschensaucen, Softdrinks in Dosen, Instant-Kaffee und Backmischungen sind zumindest in den Städten auf dem Vormarsch. Doch nach wie vor spiegelt sich die Vielfalt der Landschaften Mexikos, der Reichtum der Natur und das geschichtliche Zusammenspiel der Alten und der Neuen Welt in der faszinierenden Eigenart der mexikanischen Küche.

Viele Liebhaber der mexikanischen Küche finden ihren ersten Zugang dadurch, daß sie die »Tex-Mex«-Küche kennen und schätzen lernen. Der Begriff »Tex-Mex« kam Anfang der fünfziger Jahre in den USA auf. Er bezeichnet eine spezielle texanisch-mexikanische Küche, bei der mexikanische Gerichte von texanischen Köchen zum Teil schon im vergangenen Jahrhundert übernommen wurden.

Es läßt sich nicht immer genau sagen, was »Tex-Mex«-Gerichte von den mexikanischen unterscheidet. Die Ähnlichkeit ist groß. Zutaten und Gewürze sind oft die gleichen. Doch die mexikanische Küche ist bunter, abwechslungsreicher und weist eine viel größere Zahl von regionalen Spezialitäten auf. Die »Tex-Mex«-Küche ist demgegenüber standardisierter. Wer an die Tacos, Nachos, Enchiladas, an das Chili con Carne und die mexikanischen Pizzas mit einem Belag von chili-gewürztem Fleisch und roten Bohnen der »Tex-Mex«-Restaurants gewöhnt ist, ist in aller Regel überrascht von den harmonisch gewürzten Schmorgerichten, den vielen verschiedenen und nicht immer scharf gewürzten Fleisch-, Fisch- und Gemüsespeisen der traditionellen mexikanischen Küche.

Neben der texanisch-mexikanischen Küche basiert auch die Küche des amerikanischen Südwestens, die »Southwestern Cuisine« in Colorado und Neu-Mexiko, auf indianisch- und spanisch-mexikanischen Traditionen. Sie gilt als eine der ältesten unter den nordamerikanischen Küchen und wird in neuerer Zeit von jungen amerikanischen Köchen begeistert gepflegt.

Die mexikanischen Mahlzeiten

Die Mahlzeiten in Mexiko folgen noch immer der alten kolonialen Tradition. Der Tag beginnt mit einem zeitigen Frühstück, dem *Desayuno*. Es besteht aus Kaffee oder heißer Schokolade mit süßen Brötchen oder Spritzgebäck (Churros). Auf dieses kleine Frühstück folgt ein reichhaltigeres zweites Frühstück, das *Almuerzo*, mit Eierspeisen und oft auch leichten Fleischgerichten.

Die Hauptmahlzeit ist das Mittagessen, die *Comida,* die erst gegen

14 Uhr eingenommen wird. Zu einer ausgiebigen Comida gehören mindestens fünf Gänge. Sie beginnt mit einer Suppe. Darauf folgt eine *Sopa seca:* ein Reis- oder Nudelgericht oder ein Auflauf. Als dritter Gang wird ein Fleisch- oder Fischgericht serviert. Danach wird ein Gemüsegericht oder Salat gereicht. Es folgt ein Bohnengericht, schließlich der Nachtisch und Kaffee. Eine wohlverdiente Siesta rundet das Ganze ab.

Am späten Nachmittag gibt es eine Vesper, die *Merienda* mit Kaffee, heißer Schokolade und süßem oder salzigem Gebäck. Ein warmes Abendessen, die *Cena,* wird oft noch spät abends eingenommen. Es ähnelt dem Mittagessen, ist aber meist leichter oder besteht nur aus einem Tortilla-Gericht oder aus belegten Brötchen, den *tortas.*

Zwischen den Mahlzeiten stillt man gern den »kleinen Hunger« bei Straßenhändlern und in kleinen Imbißstuben mit Tacos und Tostadas, den *antojitos.* Natürlich fordert auch in Mexiko das moderne Leben seinen Tribut. Zumindest in den großen Städten nimmt man in der Hektik des Alltags oft nur noch drei statt der traditionellen fünf Mahlzeiten ein.

Zutaten der mexikanischen Küche

Es gibt einige Zutaten, die das charakteristische Aroma und den einzigartigen Geschmack der mexikanischen Küche ausmachen. Und auf diese kann man nicht verzichten. Die Rezepte in diesem Buch sind so ausgewählt, daß sie bis auf ganz wenige Ausnahmen mit Zutaten gekocht werden können, die bei uns erhältlich sind. Der in der mexikanischen Küche verwendete braune Rohrzucker ist ebenso wie Kürbis- und Pinienkerne, Sesamsaat und Kichererbsen in Reformhäusern, Naturkostläden und vielfach auch in Supermärkten erhältlich. Bei einigen wenigen Rezepten wird darauf hingewiesen, welche Zutaten über den Spezialitätenhandel zu bekommen sind.

Bohnen

In der mexikanischen Küche werden viele verschiedene Arten von Bohnen verwendet. Davon sind die mehligkochende rote *Kidneybohne* mit süßlichem Geschmack und die etwas fester kochende, wie ein Wachtelei gesprenkelte *Wachtelbohne* ohne Schwierigkeiten erhältlich. Nach der *Schwarzen Bohne* mit ihrem angenehm würzigen Kern muß man allerdings suchen. Sie läßt sich zur Not durch Kidneybohnen ersetzen, die man auch bereits fertig gekocht und in Dosen bekommt.

Chayote

Diese birnenförmigen, blaßgrünen Kürbisfrüchte werden jetzt auch bei uns öfter angeboten. Sie haben ein festes, fast süßliches Fruchtfleisch und einen einzigen eßbaren Kern. Man kann sie durch Zucchini ersetzen.

Chillies

In der mexikanischen Küche werden an die hundert verschiedene, sowohl scharfe wie milde Chilisorten verwendet. Durch sie erhält die Küche ihren charakteristischen Geschmack. Hierzulande ist die Auswahl sehr beschränkt. Außer einigen milden Sorten von Gemüsepaprika werden frisch nur rote und grüne scharfe Chilischoten, oft unter der italienischen Bezeichnung Peperoni, angeboten. In der Regel sind sie um so schärfer, je kleiner und röter sie sind. Ihre Samen und bitteren weißen Innenrippen sind schärfer und weniger aromatisch als das Fruchtfleisch und werden immer entfernt.

Beim Hantieren mit den scharfen Schoten ist Vorsicht geboten. Sie enthalten Capsaicin, eine ätzende Substanz, die die Schleimhäute stark reizt. Man sollte unbedingt den Kontakt mit den Augen vermeiden, sich sofort gründlich die Hände waschen oder Küchenhandschuhe tragen.

Chillies werden in der mexikanischen Küche meist über der offenen Flamme geröstet, bis sich die Haut schwärzt und Blasen wirft. Danach werden sie gehäutet. Man kann sie aber auch in einer ungefetteten Pfanne von allen Seiten anrösten oder im Backofen bei etwa 200°C backen, bis die Haut sich bräunt und Blasen wirft. Wenn man sie vorher leicht mit Öl einreibt, geht es schneller. Die gerösteten Chillies sofort in einen Frischhaltebeutel geben, verschließen und darin etwa 5—10 Minuten abkühlen lassen. Anschließend läßt sich die Haut leicht abziehen.

Getrocknete Chillies, die in verschiedenen Sorten im Spezialitäten-handel erhältlich sind, werden eingeweicht. Nach dem Entfernen von Stielansatz und Samen wird das Fruchtfleisch püriert. In Essig oder in Salzlake eingelegte scharfe Jalapeño- und Serrano-Chillies finden sich in den Gewürzregalen des Lebensmittelfachhandels. Sie kommen auch in Mexiko meist getrennt auf den Tisch, damit sich jeder nach seinem Geschmack die Gerichte würzen kann.

In Ermangelung der verschiedenen frischen und getrockneten Chilisorten, die in der mexikanischen Küche Verwendung finden, kann man sich mit Cayennepfeffer behelfen oder mit Chilipulver, das eine Gewürzmischung aus Chili, Kreuzkümmel und anderen Gewürzen ist, oder mit Tabasco-Sauce, aber auch mit mildem und scharfem Paprikapulver.

Kaktusblätter

Die jungen fleischigen Blätter des Feigenkaktus, die *Nopalitos,* sind in Mexiko ein beliebtes Gemüse. Es gibt sie als Konserve im Spezialitätenhandel.

Kräuter und Gewürze

Außer Chillies sind für die mexikanische Küche charakteristisch Oregano und Kreuzkümmel (nicht zu verwechseln mit gewöhn-lichem Kümmel) sowie Koriandergrün, das immer weitere Ver-breitung findet und leicht im Garten zu ziehen ist. Dagegen ist das ebenso charakteristische *Epazote* kaum erhältlich. Es ist ein einjähriges Gewürzkraut von einem Geschmack, der mit keinem unserer heimischen Gewürzkräuter zu vergleichen ist. Auch in Mexiko selbst wird es jedoch oft durch Koriandergrün ersetzt.

Süßkartoffeln

Von den auch *Bataten* genannten Süßkartoffeln haben die rotschaligen Sorten mit orangefarbigem Fleisch einen besonders angenehmen süßlichen Geschmack. Da sie jetzt auch in Israel angebaut werden, sind sie fast überall erhältlich.

Tomatillos

Diese kleinen grünen, tomatenähnlichen Früchte sind ein wesentlicher Bestandteil vieler mexikanischer Saucen. Sie verleihen ihnen einen charakteristischen herb-säuerlichen Geschmack. Man kann sie nur in Dosen und im Spezialitätenhandel erhalten.

Saucen, Dips
und Würzpasten

Salsas y recados

Ohne Salsas wäre die mexikanische Küche nicht das, was sie ist. Eine oder mehrere würzige Saucen mit einer Handvoll Tortilla-Chips, einigen Radieschen, Gemüsestreifen, kleinen Zwiebeln und Oliven ergeben eine leichte Zwischenmahlzeit. Mit den verschiedenen kalten und warmen Saucen lassen sich selbst die einfachsten Speisen ständig abwandeln, und mit ihnen kann man den Grad der Schärfe eines Gerichtes abstufen. Gewöhnlich bringt man drei verschiedene Saucen auf den Tisch: eine milde, eine nur leicht mit Chillies geschärfte und eine, an die sich nur Wagemutige herantrauen. Außer den Saucen gibt es eine Vielfalt von Würzpasten, mit denen Fisch und Fleisch mariniert und gewürzt werden. Schon allein ihre Verwendung kann einem Gericht die mexikanische Note verleihen.

Ancho-Chilipüree

Getrocknete Chillies für die verschiedenen Gerichte gebrauchsfertig zu machen, ist zeitaufwendig. Diese Würzpaste kann statt getrockneter Chillies zum Würzen von Gerichten und zum Anreichern von Saucen verwendet werden. Sie eignet sich besonders

v. u. n. o. *Avocado–Dip I, Sauce aus rohen Tomaten* (Rezepte Seite 23, 26)

zum Marinieren von Fisch und Fleisch. Man kann diese Würzpaste auf Vorrat herstellen. Luftdicht verschlossen, hält sie sich etwa zwei Wochen. Auch läßt sie sich portionsweise einfrieren.

8 Ancho-Chillies · Saft von 1 Limette
6 EL Olivenöl · Salz

Die getrockneten Chillies aufschneiden, Samenstand und Samen entfernen. Die halbierten Chillies von beiden Seiten kurz in einer Pfanne trocken anrösten, jedoch nicht bräunen. Das Fruchtfleisch über Nacht in Wasser einweichen. Danach zusammen mit dem ausgepreßten Limettensaft und etwas Einweichwasser im Mixer pürieren. Das Öl einrühren und mit Salz abschmecken. In ein Schraubglas füllen und luftdicht verschließen.

Adobo-Paste

Adobo

Mit dieser Würzpaste wird Fleisch dick bestrichen und mehrere Stunden mariniert, bevor es geschmort, gebraten oder gegrillt wird.

4 EL Ancho-Chilipüree (Rezept Seite 16)
2 Knoblauchzehen · ¼ TL gemahlener Kreuzkümmel
¼ TL Oregano · 1 Prise gemahlene Gewürznelken
4 EL Obstessig · Salz

Das Chilipüree mit den zerdrückten Knoblauchzehen und den Gewürzen vermischen. Etwas Salz zufügen und mit dem Essig glattrühren.

Rotes Paprikapüree

Das Püree eignet sich als Dip, aber auch als Würzpaste zum Anreichern von Saucen, Suppen und Mayonnaisen. Außerdem gibt es Gerichten, wie etwa der Tomatensuppe, eine leuchtend rote Farbe. Dieses Püree findet häufig in der Tex-Mex-Küche Verwendung.

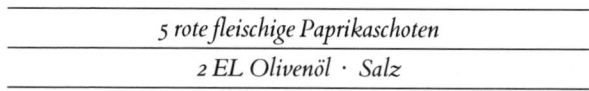

5 rote fleischige Paprikaschoten

2 EL Olivenöl · Salz

Die Paprikaschoten waschen, trockentupfen und mit Öl einreiben. Nebeneinander in eine ofenfeste Schüssel stellen und mit Aluminiumfolie fest abdecken. Im 180 °C heißen Ofen etwa 50 Minuten garen. Herausnehmen und fest zugedeckt abkühlen lassen. Anschließend die Haut abziehen und Stielansatz und Samenstand entfernen. Das Fruchtfleisch pürieren und mit Salz abschmecken.
Nach Belieben kann man auch einige geschälte Knoblauchzehen zwischen die Paprikaschoten streuen und nach dem Garen zusammen mit dem Paprika pürieren.

Chili-Essigsauce

Salsa picante

Zum Schärfen von Saucen und Dips kann man diese Würzsauce anstelle von Tabasco-Sauce verwenden.

---
8 getrocknete, kleine rote Chillies

125 ml Rotweinessig · 1 Gewürznelke

Die Chillies entstielen und zerbröckeln. Zusammen mit der Gewürznelke und dem Rotweinessig im Mixer pürieren. In eine kleine Flasche füllen. Vor der Verwendung 2—3 Tage bei Zimmertemperatur ziehen lassen. Jeweils nur wenige Tropfen den Gerichten zufügen. Die Sauce hält sich im Kühlschrank 2—3 Wochen.

Rote Chilisauce

Salsa roja

(Foto Seite 35)

Eine scharf-würzige Sauce für Chili-Liebhaber, die man über Tacos, Tostadas und Enchiladas gibt.

---
8 getrocknete rote Chillies · 250 ml Wasser

1 gewürfelte rote Paprikaschote · 1 EL Weinessig

1 TL Speisestärke · 1 Zwiebel · 1 Knoblauchzehe

1 EL Olivenöl · ½ TL Oregano · ½ TL Kreuzkümmel

½ TL brauner Rohrzucker · Salz

Die Chillies von Stielansatz und Kernen befreien, kalt abspülen und in 250 ml Wasser etwa 2 Stunden einweichen. Danach zusammen mit dem Einweichwasser, den Paprikawürfeln, dem Essig und der Speisestärke im Mixer pürieren. Die Zwiebel sehr fein würfeln und die Knoblauchzehe durch die Knoblauchpresse treiben. Zwiebelwürfel und Knoblauch in Olivenöl glasig dünsten. Nicht anbräunen! Das Chilipüree zugießen und die Gewürze zufügen. Unter Rühren zum Kochen bringen und auf kleiner Flamme etwa 20 Minuten kochen lassen. Mit Salz abschmecken und abkühlen lassen.

Knoblauchpüree

Wenn Knoblauch in Brühe gegart oder im Ofen gebacken wird, bekommt er eine angenehm milde Würze, die selbst von Knoblauchgegnern akzeptiert wird. Man braucht auf die gesunde Knolle nicht zu verzichten, wenn man dieses Püree verwendet. Es hält sich, luftdicht verschlossen, etwa eine Woche im Kühlschrank. Man sollte dafür sehr frischen Knoblauch mit saftigen, dicken Zehen nehmen. Das Püree eignet sich nicht nur zum Würzen von Saucen und Gerichten, sondern auch zum Bestreichen von Tortillas und getoastetem Brot.

---

5 große Knoblauchknollen · 5 EL Olivenöl

Salz · frischgemahlener schwarzer Pfeffer

Die Knoblauchzehen von den äußeren Schalen befreien und in einzelne Zehen brechen. Die ungeschälten Zehen mit 2 EL Olivenöl einreiben. In einer Schicht in eine flache ofenfeste Schale geben und abdecken. Im 160 °C heißen Ofen 30—40 Minuten bakken. Anschließend durch ein Sieb oder durch die »flotte Lotte« passieren. Das Püree mit Salz und frischgemahlenem Pfeffer abschmecken. In ein Schraubglas füllen, das restliche Öl als luftabschließende Schicht darübergießen. Mit einem Deckel verschließen.

Knoblauchwürzpaste

Recado de ajo

Eine Würzpaste ohne Chillies für Fleisch und Fisch.

½ Menge Knoblauchpüree (Rezept Seite 21)
1 TL Kreuzkümmel · 1 TL Oregano
1 Prise gemahlene Gewürznelken · abgeriebene Limettenschale
1–2 EL Obstessig

Das Knoblauchpüree mit den Gewürzen und dem Essig verrühren. Über Nacht im Kühlschrank ziehen lassen.

Knoblauch-Dip

Salsa de ajo

½ Menge Knoblauchpüree (Rezept Seite 21)
200 ml saure Sahne oder Crème fraîche
1 TL feingeschnittenes Koriandergrün
1 Prise Cayennepfeffer

Das Knoblauchpüree mit der sauren Sahne oder mit Crème fraîche verrühren und das feingeschnittene oder mit etwas Crème fraîche pürierte Koriandergrün unterheben. In eine kleine Schale geben, nach Belieben mit etwas Cayennepfeffer bestreuen oder mit Tomatenstreifen garnieren und mit Tortilla-Chips servieren.

Knoblauch- und Chili-Dip

Salsa de ajo y chiles

2 Fleischtomaten · 2 rote Chillies · 2 EL Knoblauchpüree
1 EL milder Essig oder Limettensaft · 1 Prise Zucker
1 TL feingeschnittenes Koriandergrün · Salz

Die Tomaten überbrühen, kalt abschrecken und schälen. Halbieren, die Kerne ausdrücken und das Fruchtfleisch grob zerschneiden. Zusammen mit den entkernten Chilischoten im Mixer pürieren.

Anschließend mit dem Knoblauchpüree verrühren und mit mildem Essig, 1 Prise Zucker und Salz abschmecken. Zuletzt das feingeschnittene Koriandergrün unterheben. Nach Belieben kann noch etwas Crème fraîche eingerührt werden.

Avocado-Dip I

Guacamole

(Foto Seite 17)

Guacamole ist ein unverzichtbarer Bestandteil der mexikanischen Küche und auch aus der Tex-Mex-Küche nicht mehr wegzudenken. Das exotisch klingende Wort kommt vom indianischen *ahuacamolli* und heißt nichts anderes als *Avocadosauce*.

2 vollreife Avocados · 1 Limette
1 Schalotte oder kleine Zwiebel · 1–2 Knoblauchzehen
1 rote Chili · 1 TL feingeschnittenes Koriandergrün
Salz · frischgemahlener schwarzer Pfeffer

Die Avocados schälen und entkernen. Das Fruchtfleisch mit einer Gabel zerdrücken und mit dem ausgepreßten Saft der Limette vermischen. Die feingeschnittene Schalotte, den durch die Knoblauchpresse gedrückten Knoblauch und die feinzerhackte Chilischote (oder einige Spritzer Tabasco) sowie das Koriandergrün unterheben. Mit Salz und Pfeffer abschmecken.

Avocado-Dip II

Guacamole

2 vollreife Avocados · 1 Limette
1 Schalotte oder kleine Zwiebel · 1 Fleischtomate
1 Knoblauchzehe · 1 rote Chili oder Chilipulver
Salz · frischgemahlener Pfeffer

Die Avocados schälen und entkernen. Das Fruchtfleisch zerdrükken und mit dem ausgepreßten Saft der Limette vermischen. Die feingeschnittene Schalotte, den gepreßen Knoblauch und die gehäutete, entkernte und gewürfelte Tomate zufügen. Mit Salz und Pfeffer abschmecken.
Erst unmittelbar vor dem Servieren zubereiten, da die Avocados leicht braun werden. Als Vorspeise mit Tortilla-Chips oder als Sauce zu den verschiedenen Tortilla-Gerichten reichen.

Avocadobutter

Mantequilla de pobre

(Foto Seite 35 und 53)

Diese »Arme-Leute-Butter« läßt sich wie Butter auf Brötchen (Tortas) und auf Tortillas streichen. Mit Kräutern vermischt, kann man sie an Stelle von Kräuterbutter zu gegrilltem Fleisch und Fisch servieren.

1 große Avocado · Saft und abgeriebene Schale von 1 Limette
1 EL Sonnenblumenöl · einige Spritzer Tabasco-Sauce · Salz

Die Avocado schälen, entkernen, grob zerschneiden und zusammen mit dem Limettensaft, der Limettenschale und dem Öl im Mixer pürieren. Mit Salz und einigen Spritzern Tabasco abschmekken. Nach Belieben 1—2 EL kleine Tomatenwürfel oder feingeschnittene Lauchzwiebeln unterheben. Sofort servieren.

Sauer eingelegte Zwiebelringe

Cebollas en escabeche

Kurz in Essig eingelegte Zwiebelringe gibt man gern auf Tacos, zu Fisch und zu gegrilltem Fleisch. Man sollte möglichst rote Zwiebeln dafür verwenden, da sie besonders dekorativ sind.

4 rote Zwiebeln · 1 TL Oregano · 4 EL Obstessig
4 EL Limettensaft · 1 Prise Zucker · Salz
frischgemahlener Pfeffer

Die geschälten Zwiebeln in dünne Ringe schneiden. In ein Sieb legen, mit kochendem Wasser überbrühen und abtropfen lassen.

Inzwischen den Essig mit dem Limettensaft verrühren und mit einer kleinen Prise Zucker, Salz, Oregano und frischgemahlenem Pfeffer abschmecken. Die Zwiebelringe in eine kleine Schüssel legen und mit der Essigmischung übergießen. Zugedeckt etwa eine Stunde im Kühlschrank ziehen lassen. Wenn man es scharf mag, kann man noch eine gehackte Chilischote unterheben.

Sauce aus rohen Tomaten

Salsa cruda

(Foto Seite 17)

Diese Sauce erscheint in Mexiko auf dem Tisch wie bei uns Pfeffer und Salz. Man kann sie als Dip zu Tortilla-Chips reichen oder über Tortillas, Fleisch- und Fischgerichte geben.

4 Fleischtomaten · 2 kleine Zwiebeln
1 Knoblauchzehe · 1–2 Chillies · 2 EL Limettensaft
1 EL feingeschnittenes Koriandergrün
2 EL Olivenöl · Salz

Die Tomaten überbrühen, kalt abschrecken und schälen. Halbieren und die Kerne ausdrücken. Das Fruchtfleisch und die Zwiebeln in kleine Würfel schneiden, die Knoblauchzehe zerdrücken. Die Chilischoten entkernen und feinhacken. Die Tomaten- und Zwiebelwürfel zusammen mit dem Knoblauch und den gehackten Chillies in einer Glasschüssel vermischen. Mit Limettensaft und Salz würzen. Das Koriandergrün unterheben. Kühlgestellt mindestens 1–2 Stunden ziehen lassen. Sollte die Sauce zu viel Wasser ziehen, wird dieses abgegossen. Danach mit dem Olivenöl vermischen. Die Sauce wird um so schärfer, je länger sie zieht. Übriggebliebene Sauce kann in etwas Olivenöl gedünstet werden, damit sie nicht verdirbt.

Grüne Sauce
Salsa verde

Diese Sauce kann man auch mit feingehackten Tomatillos aus der Dose zubereiten. Rohe und frische Tomatillos sind bei uns kaum erhältlich. Sie sind oft sehr sauer und werden auch in Mexiko meist gekocht verwendet.

300 g Tomatillos (a. d. Dose) · 1 Zwiebel
2 grüne Chillies · 1 EL Olivenöl · 1 TL Weißweinessig
2 EL feingeschnittenes Koriandergrün · Salz

Die Tomatillos fein zerschneiden. Die Zwiebel in kleine Würfel schneiden und zusammen mit den entkernten, feingehackten Chilischoten im Öl glasig dünsten. Mit etwas Essig ablöschen und die zerschnittenen Tomatillos einrühren. Mit Salz und nach Belieben mit einer Prise Zucker abschmecken. Sofort vom Feuer nehmen. Das feinzerschnittene Koriandergrün unterheben. Die Salsa in eine Glasschüssel geben und abkühlen lassen.
Anschließend zugedeckt über Nacht im Kühlschrank ziehen lassen.

Einfache Tomatensauce
Salsa de jitomate

250 g geschälte Tomaten (a. d. Dose) · 1 Zwiebel
1 Knoblauchzehe · 1 rote Chili · 1 EL Öl · 1 TL Oregano
1 Prise Zucker · Salz · frischgemahlener Pfeffer

Die Tomaten kleinschneiden. Die Zwiebel würfeln und zusammen mit dem zerdrückten Knoblauch und der entkernten, zerschnittenen Chilischote im Öl glasig dünsten. Die Tomaten samt ihrem Saft einrühren. Den Oregano einstreuen. Zum Kochen bringen und die Flüssigkeit auf kleiner Flamme leicht einkochen lassen. Die Sauce mit etwas Zucker, Salz und frischgemahlenem Pfeffer abschmecken. Wenn man die Sauce schärfer wünscht, kann man mehrere Chilischoten oder zusätzlich etwas Cayennepfeffer hineingeben.

Tomatensauce aus gegrillten Tomaten
Salsa de jitomate del norte

Diese Tomatensauce ist besonders in der Tex-Mex-Küche beliebt. Sie ist eine ausgezeichnete Grillsauce.

4 Fleischtomaten · 2 EL milder Essig · 4 EL Olivenöl
½ TL Oregano · ½ TL gemahlener Kreuzkümmel
1 TL Ahornsirup · einige Tropfen Tabasco-Sauce
Salz · frischgemahlener schwarzer Pfeffer

Die Tomaten auf einem Holzkohlengrill oder unter dem Backofengrill von allen Seiten anrösten. Anschließend ungeschält grob zerschneiden und im Mixer pürieren. Den Kreuzkümmel und den Oregano zufügen und das Püree in 2 EL Olivenöl über mittlerer Hitze so lange dünsten, bis es etwa um die Hälfte eingekocht ist. Durch ein Sieb streichen und mit einem Rührbesen den Essig und das restliche Öl einrühren. Mit Ahornsirup, Tabasco-Sauce, Salz und Pfeffer abschmecken und abkühlen lassen.

Tortillas und Tamales

Tortillas y tamales

Tortillas und Tamales, dünne Maisfladen und Maisklöße, gehören zu den ältesten Speisen des vorkolumbianischen Mexiko. Beide werden aus einem besonders vorbehandelten Maismehl, aus *Masa harina,* zubereitet. Gewöhnliches Maismehl kann man nicht verwenden. Masa harina ist bei uns nur im Spezialitätenhandel erhältlich. Es wird aus getrockneten weißen Maiskörnern hergestellt. Diese werden in Wasser erhitzt, dem ungelöschter Kalk beigegeben ist, damit die harte Schale entfernt werden kann. Danach werden sie getrocknet und zu *Masa harina,* was soviel heißt wie Teigmehl, vermahlen.

Die Vielfalt der Tortillas, dem Brot der Ureinwohner, auf den Märkten des alten Tenochtitlán, dem heutigen Mexiko City, beeindruckte schon die spanischen Eroberer. Diese Maisfladen hatten so viele verschiedene Namen, je nach den Maissorten, aus denen sie gemacht waren, daß die verwirrten Spanier sie einfach *Tortillas* nannten, das heißt *kleine Kuchen.*

Noch heute sind Tortillas das tägliche Brot Mexikos. Sie fehlen bei keiner Mahlzeit. Als kleine Bissen, *antojitos,* für den kleinen Hunger zwischendurch, ißt man Tortillas zu jeder Tageszeit. Sie sind der eßbare Teller, die eßbare Hülle für die verschiedensten Beläge und Füllungen. Es gibt eine Unzahl von Rezepten für Tortillas und Tortillagerichte, und jede Gegend hat ihre eigenen.

Damit es Ihnen nicht genauso ergeht wie den spanischen Eroberern, hier eine kurze Erklärung der wichtigsten Tortillasorten:

Flache, in Öl ausgebackene Tortillas heißen *Tostadas*. Sie können mit den verschiedensten Belägen und Saucen gegessen werden. In Dreiecke geschnittene und anschließend knusprig ausgebackene Tortillas sind *Tostaditas,* die man in Mexiko City auch *Totopos* nennt. Man nimmt sie zum Dippen in Saucen. Belegt und überbakken, werden sie zu kleinen Appetithappen, den *Nachos*. Bei uns kann man dreieckige und runde Tostaditas in guter Qualität unter ihrer amerikanischen Bezeichnung *Tortilla-Chips* kaufen.

In eine chiligewürzte Sauce getauchte, gefüllte und aufgerollte gebackene Tortillas werden *Enchiladas* genannt. *Quesadillas* sind Tortillas mit einer Käsefüllung (queso). *Tacos* sind u-förmig gebogene, knusprig fritierte Tortillas, die verschieden gefüllt werden. Bereits ausgebackene Tacoschalen, die nur noch im Backofen aufgewärmt werden, gibt es im Spezialitätenhandel. Man findet sie auch schon häufig in den Lebensmittelabteilungen der Kaufhäuser.

Tamales werden in Mexiko besonders zu Festtagen zubereitet. Es sind Maismehlklößchen, die ungefüllt oder mit verschiedenen würzigen, aber auch süßen Füllungen in die Hüllblätter von Maiskolben gewickelt und über Dampf gegart werden.

Mais-Tortillas

Tortillas de maiz

Da das Ausrollen vieler Tortillas eine langwierige Sache ist (vier Personen können bei einer Mahlzeit zwei Dutzend und mehr verzehren), benutzt man meist eine Tortillapresse. Mit dieser wird jeweils eine Teigkugel in Sekundenschnelle zu einer gleichmäßig dünnen Tortilla gepreßt. Tortillapressen sind in Deutschland nur über den Spezialitätenhandel zu beziehen.

Gebacken werden die Tortillas in Mexiko auf dem *Comal,* einer flachen Grillplatte aus Ton oder Gußeisen. Eine ungefettete Pfanne oder ein Grillstein kann jedoch ebenso gut verwendet werden.

---

250 g Spezial-Maismehl (Masa harina) · *1 TL Salz*

etwa 250 ml handwarmes Wasser

In einer Schüssel das Maismehl mit Salz vermischen. Nach und nach mit der Hand warmes Wasser einarbeiten, bis ein weicher, nicht mehr krümelnder Teig entsteht. Den Teig abgedeckt 20 Minuten ruhen lassen.

Den Teig in gleich große Stücke teilen und diese zu Kugeln rollen. Zwischen zwei Blättern Backtrennpapier oder Frischhaltefolie dünne Tortillas ausrollen oder in der Tortillapresse pressen. Das obere Blatt Papier abziehen und die Tortilla mit dem unteren Blatt nach oben in eine heiße, ungefettete Pfanne legen. Danach das Papier oder die Folie abziehen. Die Tortillas erst auf einer Seite etwa 1 Minute und nach dem Wenden nochmals 1 Minute auf der anderen Seite backen. Die Tortillas dürfen nicht braun werden, sondern nur braun gefleckt mit kleinen Blasen sein. Auf ein sauberes Küchentuch legen und mit einem zweiten Tuch abdecken, damit die Tortillas warm bleiben. Das Rezept ist berechnet für 12–14 Tortillas.

Man kann Tortillas warm als Fladenbrot essen oder z. B. zu Tostadas in Öl knusprig fritieren. Sie lassen sich einfrieren oder in einem verschlossenen Plastikbeutel mehrere Tage im Kühlschrank aufbewahren. Vor dem Wiederaufwärmen werden sie mit etwas kaltem Wasser besprüht, danach in einer leicht gefetteten Pfanne aufgebacken.

Für rote Tortillas (Tortillas rojas) wird 1 TL Paprikapulver mit dem Mehl vermengt. Schwarze Tortillas (Tortillas negras) bereitet man mit dem Kochwasser von schwarzen Bohnen zu.

Weizenmehl-Tortillas

Tortillas de harina

Tortillas aus Weizenmehl gelten in den ärmeren Bevölkerungs-
schichten Mexikos als Festtagsessen. Sie sind erheblich teurer als
Mais-Tortillas, deshalb werden aus ihnen nie Chips gemacht. Sie
werden voll Fleisch gepackt und zu *Burritos* (»kleinen Eselchen«)
gerollt oder mit verschiedenen Füllungen zu kleinen Päckchen,
den *Chimichangas*, gefaltet und wie Frühlingsrollen in Öl fritiert.

300 g Weizenmehl
30 g frisches Schweineschmalz oder Margarine
½ TL Salz · 100—150 ml lauwarmes Wasser

Das Mehl sieben und das Fett in kleinen Flöckchen einarbeiten.
Das Salz in lauwarmem Wasser auflösen. In die Mehlmischung
gießen und schnell zu einem weichen Teig verarbeiten. Den Teig
auf einer bemehlten Arbeitsfläche etwa 5 Minuten kneten, bis er
glatt und elastisch ist. Zu einer Kugel formen und zugedeckt mindestens 30 Minuten ruhen lassen.

Anschließend den Teig zu einem Strang rollen und in etwa 12 gleich
große Portionen teilen. Diese zu kleinen Kugeln formen und zu
dünnen, runden Fladen von etwa 20 cm Durchmesser ausrollen.

In einer heißen ungefetteten Pfanne die Tortillas etwa 2 Minuten
auf einer Seite backen, bis die Ränder gebräunt sind. Danach um-
drehen und auf der anderen Seite weitere 1—2 Minuten backen.
Herausnehmen und, in ein Küchentuch oder Aluminiumfolie
eingewickelt, warm halten. Die angegebene Zutatenmenge ergibt
etwa 12 Tortillas.

Mais-Tortillas
mit Eiern auf Bauernart
Huevos rancheros

Dieses Tortilla-Gericht wird in Mexiko gern als zweites Frühstück gegessen. Die kleinen Tortillas können kroß ausgebacken, aber auch weich serviert werden. Die angegebenen Zutaten ergeben 1 Portion.

2 Tortillas · etwas Schweineschmalz · 2 Eier
2 EL gebratenes Bohnenpüree (Rezept Seite 69)
FÜR DIE BAUERN-SAUCE:
1 Zwiebel · 2 EL Öl · 4 geschälte Tomaten (a. d. Dose)
1 rote Chili · 1 TL Weinessig · 1 Prise Zucker
1 Prise Oregano · Salz · frischgemahlener Pfeffer

Für die Sauce die gewürfelte Zwiebel in Öl glasig schwitzen. Die zerdrückten Tomaten und die entkernte kleingehackte Chilischote einrühren. Würzen und auf kleiner Flamme etwa 10 Minuten dünsten.

Die Tortillas in etwas Schweineschmalz knusprig backen und auf einen Teller legen. Mit den im gleichen Fett gebratenen Spiegeleiern belegen. Mit der Bauern-Sauce (Salsa ranchera) überziehen und mit dem Bohnenpüree umlegen.

Reich garnierte Tostadas

Tostadas compuestas

(Foto Seite 71)

Große knusprige Tostadas bedeckt mit Schichten von gebratenem Bohnenpüree oder Guacamole, von gewürfeltem Hühnerfleisch oder weichgeschmorten Rindfleischstreifen, von gekochten Garnelen oder Krebsfleisch, bestreut mit Käse- und Obstwürfeln, mit Zwiebelringen oder gehackten Chillies, überzogen mit würzigen Saucen und saurer Sahne sind neuerdings im Südwesten Amerikas und besonders in Kalifornien sehr beliebt. Das sind allerdings Fiesta-Tostadas. Die üblichen mexikanischen *Tostadas compuestas* sind meist etwas einfacher, aber immer noch so reichhaltig, daß sie eine eigenständige kleine Mahlzeit bilden.

---

4 große Mais-Tortillas · Öl zum Ausbacken

200 g gebratenes Bohnenpüree (Rezept Seite 69)

250 g mageres Rinderhackfleisch · 2 EL Öl · 1 Zwiebel

1 Knoblauchzehe · 4 EL gewürfelte Tomaten

4 EL Tomatenketchup · ½ TL Oregano

1 Prise Chilipulver · Salz

Für die Garnitur:

*in Streifen geschnittener Eissalat,
geriebener Käse, Tomaten- und Avocadowürfel,
Paprikastreifen, rote Chilisauce (Rezept Seite 20),
saure Sahne, feingeschnittene Lauchzwiebeln*

Das Hackfleisch kurz in Öl anbraten. Die feingewürfelte Zwiebel und die zerdrückte Knoblauchzehe zufügen und einige Minuten dünsten. Anschließend die Tomatenwürfel und das Tomatenketchup sowie die Gewürze einrühren. Eventuell etwas Wasser oder Brühe zugießen. Auf kleiner Flamme etwa 10 Minuten schmoren

v. u. n. o. *Sloppy Joe, Tostada California I, Tacos mit Oliven, Rote Chilisauce,*
T-Bone-Steak auf texanische Art mit gebackenen Bohnen und Krautsalat,
Avocadobutter (Rezepte Seite 102, 36, 42, 20, 100, 25)

und abschmecken. Das gebratene Bohnenpüree erwärmen. Die Tortillas einzeln kurz in heißem Öl knusprig fritieren. Auf Küchenpapier entfetten.

Kurz vor dem Servieren die Tostadas mit dem gebratenen Bohnenpüree bestreichen. Darauf das Fleisch verteilen und die Garniturzutaten darüberschichten. Zuletzt mit der Chilisauce und einem Löffel saurer Sahne überziehen und mit Lauchzwiebeln bestreuen. Statt gebratenem Rinderhackfleisch kann man auch gebratenes Hühnerfleisch, geschmorte Rindfleischstreifen oder Chorizo verwenden.

Tostada California I
Tostada California I
(Foto Seite 35)

4 große Mais-Tortillas · Öl zum Ausbacken
200 g gebratenes Bohnenpüree (Rezept Seite 69)
FÜR DEN WÜRZIGEN FLEISCHBELAG PICADILLO:
4 EL Rosinen · 1 Glas Rotwein · 3 EL Öl
1 Zwiebel · 2 Knoblauchzehen
400 g gemischtes Rinder- und Schweinehackfleisch
1 TL Mehl · 4 EL Tomatenmark · 2 Gewürznelken
1 TL Cayennepfeffer · 1 TL Zimt · 1 Prise Kreuzkümmel
Salz · frischgemahlener schwarzer Pfeffer
FÜR DIE GARNITUR:
in Streifen geschnittener Eissalat, Tomatenwürfel, Zwiebelstreifen, geriebener Käse, rote Chilisauce (Rezept Seite 20)

Für den Fleischbelag »Picadillo« die Rosinen in Rotwein einlegen. Unterdessen das Öl in einer Pfanne erhitzen und darin die feingewürfelte Zwiebel und die zerdrückten Knoblauchzehen andünsten. Das Hackfleisch zufügen, mit dem Mehl bestäuben und kurz anbraten. Danach die Rosinen samt dem Rotwein zugeben. Das Tomatenmark und die Gewürze einrühren. Auf kleiner Flamme 30—40 Minuten schmoren, dabei eventuell noch etwas Rotwein oder Brühe zugießen. Nach Belieben 1—2 EL Mandeln und Oliven zufügen. Mit Salz und frischgemahlenem Pfeffer abschmekken. Picadillo eignet sich auch zum Füllen von Tacos und Enchiladas.

Die Tortillas einzeln in heißem Öl knusprig fritieren und auf Küchenpapier entfetten.

Kurz vor dem Servieren mit dem Bohnenmus bestreichen. Darüber den Picadillo geben und darauf die Garnitur verteilen.

Tostada California II

Tostada California II

(Foto Seite 53)

1 Rezeptmenge Picadillo-Fleischbelag
1 kleiner Eissalat · 200 g Mais (a. d. Dose)
1 rote Paprikaschote · 1 grüne Chili · 1 Zwiebel
60 g Cheddar-Käse · 4 große Maistortillas
rotes Paprikapüree (Rezept Seite 19)
rote Bohnen nach Belieben

Den Eissalat waschen, trockenschleudern und in Streifen schneiden, mit dem Mais, den gewürfelten Paprikaschoten, der in Ringe geschnittenen Zwiebel und Chili sowie dem in Streifen geschnittenen Käse und den Bohnen vermischen. Den fertigen Fleischbelag unterheben und in den aufgebackenen Tostadas anrichten. Mit dem roten Paprikapüree garnieren.

Tortilla-Chips

Tostaditas

Tortilla-Chips können als Knabbergebäck zu Drinks gereicht, zum Dippen in pikante Saucen verwendet und mit Belag als Nachos serviert werden. Man kann davon auch ein chili-gewürztes Haschee, *Chilaquiles,* machen.

---

8 Mais-Tortillas · Öl zum Fritieren · Salz

Die Tortillas aufeinanderlegen und mit einem Sägemesser wie eine Torte in 8 gleichmäßige Stücke schneiden. Ausreichend Öl in einer tiefen Pfanne erhitzen und jeweils 4 Stücke knusprig backen. Mit einer Schaumkelle herausheben, auf Küchenpapier entfetten und mit Salz bestreuen.

Käsefondue mit Tortilla-Chips

Tostaditas y chile con queso

Tortilla-Chips (Rezept Seite 37)

FÜR DAS KÄSEFONDUE:

---

1 Zwiebel · 20 g Butter · 4 EL Tomatenwürfel

---

1 grüne Chili · 125 ml Sahne (oder Kondensmilch)

---

1 Ecke Schmelzkäse · 150 g geriebener Käse

Die gewürfelte Zwiebel in der Butter glasig dünsten. Die Tomatenwürfel und die entkernte, feingehackte Chilischote zufügen und einige Minuten schmoren. Die Sahne zugießen und zum Kochen bringen. Den Schmelzkäse und den geriebenen Käse einrühren und über geringer Hitze schmelzen. Dazu ißt man Tortilla-Chips.

Nachos

Nachos

Nachos sind ideale Cocktail-Happen. Knusprig, mit würzigem Belag und mit den Fingern zu essen. Man sollte pro Person etwa 8 Stück rechnen, sich aber nicht wundern, wenn manche mehr als ein Dutzend verspeisen.

40 Tortilla-Chips
400 g gebratenes Bohnenpüree (Rezept Seite 69)
150 g geriebener Käse (Gouda, Greyerzer)
eingelegte scharfe Chillies, entkernte Oliven und Avocadowürfel als Garnitur)

Die Tortilla-Chips dick mit dem Bohnenpüree bestreichen und auf ein Backblech legen. Mit Käseraspeln bestreuen und mit Chili- und Olivenscheiben garnieren. Unter den heißen Grill geben, bis der Käse geschmolzen ist. Alle Beläge für Tostadas eignen sich auch für Nachos.

Hierzulande bestehen die Nachos oft nur aus Tortilla-Chips, die mit kleingeschnittenen Chillies und Käse belegt und überbacken werden. Darüber streut man dann Paprika- oder Chilipulver.

Tacos

Der Taco ist das mexikanische Sandwich. Es gibt ihn mit verschiedenen Füllungen und in unterschiedlichen Formen, gerollt um eine Füllung und in Öl gebacken, oder U-förmig ausgebacken und anschließend gefüllt. Man kann Tacoschalen herstellen, indem man Mais-Tortillas mit einer Küchenzange U-förmig zusammenfaltet und in heißes Öl hält, bis sie knusprig sind und die Form halten. Es gibt sie auch bereits fertig zu kaufen.

Die Tacoschalen mit der offenen Seite nach unten auf ein Backblech setzen und im 180 °C heißen Ofen etwa 8 Minuten aufbacken. Die Tacos kann man mit den unterschiedlichsten Füllungen bestücken.

Tacos mit Rindfleisch

Tacos con carne

(Foto Seite 72)

Für 2 Personen:
200 g Rinderfilet · 2 Zwiebeln · ½ rote Paprikaschote
½ grüne Paprikaschote · 200 g rote Bohnen (a. d. Dose)
2 EL Öl · 200 g geschälte Tomaten (a. d. Dose)
1–2 Knoblauchzehen · Salz · Pfeffer
1 TL Chilipulver · 4 Tacoschalen

Das Fleisch in Streifen schneiden. Zwiebeln pellen, halbieren und in Ringe schneiden. Paprikaschoten putzen, waschen und würfeln. Die Bohnen in einem Sieb abspülen. Das Fleisch in dem heißen Öl rundherum anbraten. Zwiebeln und Paprika zugeben und kurz andünsten. Tomaten und Bohnen zugeben. Knoblauch dazupressen. Mit Salz und Pfeffer würzen und zugedeckt 10 Minuten garen. Danach mit Chilipulver pikant abschmecken und in die aufgebackenen Tacoschalen füllen.

Tacos mit Pilzen und Käse

Tacos con hongos y queso

(Foto Seite 72)

Für 2 Personen:

---

500 g frische Champignons · 1 rote Chili · 1 grüne Chili

---

2 EL Öl · 150 g Gouda (im Stück) · Salz · 4 Tacoschalen

Champignons waschen, putzen und in Scheiben schneiden. Chilischoten längs halbieren, entkernen, waschen und in Würfel schneiden.

Champignons mit Chilischoten im heißen Öl so lange braten, bis alle Flüssigkeit verdampft ist. Käse fein reiben. Champignons salzen und mit dem Käse mischen. In die aufgebackenen Tacoschalen füllen. Sofort servieren.

Tacos mit Huhn

Tacos con pollo

Für 2 Personen:

---

250 g Lauch · 400 g Hähnchenbrustfilet · 3 EL Öl

Salz · Cayennepfeffer · 200 g Tomatenpüree (a. d. Dose)

1—2 TL Chilipulver · 2 Tacoschalen

Lauch putzen, waschen und in Ringe schneiden. Fleisch in Streifen schneiden und im heißen Öl rundherum anbraten. Lauch und Tomatenpüree zugeben, bei milder Hitze 10 Minuten garen. Die Füllung mit Salz, Pfeffer und Chilipulver würzen, in die aufgebackenen Tacoschalen füllen.

Tacos mit Avocado-Dip

Tacos con guacamole

(Foto Seite 72)

Für 2 Personen:

---

1 Rezeptmenge Guacamole · Koriander

---

1 rote gewürfelte Paprikaschote · 4 Tacoschalen

Das Avocadopüree in die aufgebackenen Tacoschalen füllen, mit Tomaten, Zwiebeln und Korianderkraut bestreuen.

Tacos mit Oliven

Tacos con aceitunas

(Foto Seite 35)

Für 2 Personen:

---

4 Tacoschalen · 400 g Hähnchenbrustfilet · 3 EL Öl

Salz · Cayennepfeffer · in Streifen geschnittener Eissalat

---

60 g Gouda · 12 schwarze Oliven · 1 Tomate

---

rote Chilisauce (Rezept Seite 20)

Das Hähnchenbrustfilet in Würfel schneiden und in heißem Öl rundherum anbraten. Mit Salz und Pfeffer würzen. Das Fleisch in die Tacos füllen, den Eissalat, den in Streifen geschnittenen Gouda und die halbierten und entkernten Oliven hinzugeben. Mit Tomatenwürfelchen garnieren und die rote Chilisauce dazu reichen.

Tacos California

Tacos California

---

8 Tacoschalen · ½ kleiner Eissalat · 1 Gemüsezwiebel

---

1 rote Paprikaschote · 1 grüne Chili · 60 g Cheddar-Käse

---

200 g Maiskörner (a. d. Dose)

---

1 Rezeptmenge Picadillo-Fleischbelag (Rezept Seite 36)

Tomatensauce aus gegrillten Tomaten (Rezept Seite 28)

Die Tacoschalen aufbacken. Den Eissalat waschen, trockenschleudern und in Streifen schneiden. Die Zwiebel schälen und in dünne Ringe schneiden. Die Paprikaschote und die Chilischote waschen, halbieren und die Samenstände entfernen. Die Paprikaschote würfeln, die Chilischote fein zerschneiden. Den Käse in Streifen schneiden.

Die Tacoschalen mit dem Picadillo, den Salatstreifen und den Zwiebelringen füllen. Mit den Paprikawürfeln, der feinzerschnittenen Chilischote, den Käsestreifen und den Maiskörnern bestreuen. Mit etwas Tomatensauce überziehen. Nach Belieben kann man statt Mais auch gekochte rote Bohnen verwenden.

Überbackene Tortillas
mit Käsefüllung
Enchiladas

8 Weizen- oder Mais-Tortillas
Chili-Sauce (Rezept Seite 20)
Tomatensauce (Rezept Seite 27)
geriebener Käse zum Bestreuen
FÜR DIE KÄSEFÜLLUNG:
150 g geriebener Käse
Paprikastreifen in saurer Sahne (Rezept Seite 76)

Für die Füllung den geriebenen Käse mit den Paprikastreifen vermischen. Die Tortillas in heißem Öl erwärmen, in die Chili-Sauce tauchen und mit der Käsefüllung belegen. Aufrollen und mit der Nahtseite nach unten in eine gefettete ofenfeste Form legen. Mit der Tomatensauce übergießen und mit geriebenem Käse bestreuen. Mit Aluminiumfolie bedecken und im 180 °C heißen Ofen etwa 30 Minuten backen.

Tamales

Der Tamal ist ein gefüllter länglicher Maiskloß, der in Blätter vom Maiskolben gewickelt und über Dampf gegart wird. Tamales werden traditionsgemäß zu Weihnachten und zu anderen festlichen Anläßen zubereitet. »Blinde« Tamales werden ungefüllt als Beilagen zu Fleisch gereicht. Zum Festtagsfrühstück gibt es süße, mit Zimt gewürzte Tamales, deren Teig mit Rosinen vermischt wird oder, ähnlich wie unsere Pflaumenklöße, mit Früchten gefüllt wird. Statt in Maisblättern können Tamales auch in Aluminiumfolie gedämpft werden. Sie werden dann allerdings nicht so locker. Statt einzelner Klößchen kann man auch einen großen Tamal, ähnlich einem Serviettenknödel, formen oder eine Tamal-Pastete zubereiten, indem man eine Pastetenform mit gefetteter Bratfolie auslegt, mit Maisteig auskleidet, füllt, abdeckt und im Wasserbad im Ofen gart. Maisblätter zum Einhüllen müssen über Nacht in warmem Wasser eingeweicht werden, damit man sie falten kann. Typische Füllungen für Tamales sind frische Maiskörner vermischt mit scharfen Chilischoten, fein zerkleinertes Schmorfleisch vom Schwein oder Rind, sowie Huhn in chili-gewürzten Saucen oder nur je ein Streifen Hühnerfleisch, Käse und Chilischote mit etwas scharfer Sauce.

400 g Spezial-Maismehl (Masa harina) · 1 TL Backpulver
250 ml Wasser · 1 gestrichener TL Salz
200 g frisches Schweineschmalz oder Margarine
150 ml lauwarme Brühe
FÜR DIE FÜLLUNG:
1 Zwiebel · 1 Knoblauchzehe · 2 EL Öl
1 geschälte, gewürfelte Tomate · 1 rote Chili
1 gebratene Hühnerbrust · 1 EL Rosinen · 1 EL Pinienkerne
Tomatensauce aus gegrillten Tomaten (Rezept Seite 28)
Salz · frischgemahlener Pfeffer

Für die Füllung die gewürfelte Zwiebel zusammen mit der zerdrückten Knoblauchzehe im Öl glasig dünsten. Anschließend die Tomatenwürfel und die entkernte, gehackte Chilischote zufügen. Das Hühnerfleisch in kleine Streifen schneiden. Zusammen mit den Rosinen und Pinienkernen einrühren. Mit einigen Löffeln Tomatensauce, Salz und frischgemahlenem Pfeffer abschmecken. Einige Minuten auf kleiner Flamme kochen lassen, damit sich die Aromen verbinden. Die Füllung abkühlen lassen.

Für den Teig das Maismehl mit dem Backpulver und dem Salz vermischen. Das Wasser zufügen und alles schnell zu einem Teig verrühren. In einer Schüssel das Schweineschmalz mit dem Handrührgerät schaumig rühren. Den Teig mit dem flockigen Schmalz vermischen, dabei nach und nach lauwarme Brühe zugießen, bis ein lockerer Teig entsteht.

Die eingeweichten Maisblätter trockentupfen. Einzeln flach ausbreiten. Auf die breiteste Stelle 1 EL Teig zu einem breiten Rechteck streichen. Darauf längs einen Strang Füllung geben und mit etwas Teig bedecken. Das Blatt von rechts nach links aufrollen und das obere und untere Ende nach innen einschlagen. In ein zweites Blatt wickeln und mit Küchenzwirn nicht zu stramm binden. Die Tamales aufrecht in einen Dämpfeinsatz stellen und über kochendem Wasser 1—1½ Stunden garen. Sie sind gar, wenn sich der Kloß leicht von der Hülle löst.

Suppen, Reis und Aufläufe

Sopas

In Mexiko wird zu jeder *Comida,* der mittäglichen Hauptmahlzeit, eine Suppe gereicht. Man unterscheidet zwei Arten von Suppen: Die »flüssigen« Suppen (sopas aguadas), wie wir sie kennen, und die »trockenen« Suppen (sopas secas). Die »flüssigen« Suppen können Brühen wie die sonntägliche Hühnersuppe, aber auch deftige Eintöpfe wie Pozole sein. Bei den »trockenen« Suppen wird eine »trockene« Zutat, hauptsächlich Reis, aber auch Nudeln oder Tortillastreifen, in einer Brühe gegart, bis die Brühe fast aufgesogen ist. In diesen Suppen, die eher Risotti oder Spaghettigerichten gleichen, bleibt der Löffel stecken, wie man zu sagen pflegt. Bei einer ausgiebigen Comida wird nach einer »sopa aguada« immer noch eine »sopa seca« als Zwischengericht serviert.

Hühnerbrühe

Caldo de pollo

In der mexikanischen Küche wird hauptsächlich Hühnerbrühe verwendet. Sie ist leicht zuzubereiten und preiswert herzustellen. Sie schmeckt, paßt sich den anderen Zutaten an und ist daher vielseitig verwendbar. Man kann sie auf Vorrat kochen, portionsweise einfrieren und so immer zur Hand haben.

1 Suppenhuhn · 500 g Hühnerklein (Hals, Flügel, Magen)

2 Karotten · 1 Stange Staudensellerie · 1 Zwiebel

2 Knoblauchzehen · 2 Lorbeerblätter · 2 Nelken

1 TL schwarze Pfefferkörner · 1 Zweig Thymian · 1 TL Salz

Huhn und Hühnerklein mit kochendem Wasser überbrühen und kalt abspülen. In etwa 3 Liter kaltem Wasser aufsetzen, langsam zum Kochen bringen und abschäumen. Die geputzten Karotten und die Selleriestange grob zerschneiden und zusammen mit den übrigen Gewürzzutaten beigeben. Unter wiederholtem Abschäumen so lange kochen, bis das Huhn weich ist. Das Huhn herausnehmen und für ein anderes Gericht, etwa zum Füllen von Tacos, verwenden. Die Brühe auf etwa 2 Liter einkochen lassen. Danach durch ein Sieb seihen und abkühlen lassen. Die kalte Brühe entfetten und portionsweise einfrieren.

Hühnersuppe mit Kichererbsen und Avocadostreifen

Caldo Tlalpeño

Tlalpan ist ein Ausflugsort südlich von Mexiko City, in dessen kleinen Restaurants diese Spezialität serviert wird. Die Suppe ist gewöhnlich stark mit Knoblauch und mit *Chiles chipotles* gewürzt. Diese Chillies haben einen Rauchgeschmack und sind höllisch scharf. Bei uns kann man sie nur in Dosen im Spezialitätenhandel beziehen. Aber man kann sich auch mit einer Räucherspeckschwarte und Cayennepfeffer oder Tabasco-Sauce behelfen.

1 l Hühnerbrühe · 1 Zwiebel · 2 Knoblauchzehen
1 Hühnerbrust ohne Haut und Knochen
150 g gekochte Kichererbsen (a. d. Dose)
2 Stangen Staudensellerie · 2 Karotten
1 Stück Räucherspeckschwarte
1 Prise Cayennepfeffer oder 1 Spritzer Tabasco
Salz · frischgemahlener schwarzer Pfeffer
1 Avocado · 1 EL Koriandergrün · 1 Limette

Die Hühnerbrühe zusammen mit der halbierten Zwiebel und den geschälten Knoblauchzehen zum Kochen bringen. Die Hitze reduzieren und die Hühnerbrust einlegen. Auf kleiner Flamme etwa 20 Minuten garen. Das Fleisch herausnehmen und warm halten.

Anschließend die Kichererbsen sowie die in dünne Scheiben geschnittenen Selleriestangen und Karotten in die Brühe geben. Etwas Cayennepfeffer und nach Belieben ein Stück Räucherspeckschwarte zufügen, oder, wenn man es scharf mag, 1–2 in Streifen geschnittene Chiles chipotles. Zugedeckt etwa 20 Minuten garen. Unterdessen das Hühnerfilet in Streifen schneiden und kurz vor dem Anrichten wieder in der Suppe heiß werden lassen. Die Suppe mit Salz und frischgemahlenem Pfeffer abschmecken und das feingeschnittene Koriandergrün sowie die in Würfel oder in dünne Scheiben geschnittene Avocado unterheben. Die in Schnitze geschnittene Limette getrennt dazu reichen.

Schwarze Bohnensuppe

Sopa de frijoles negros

In Mexiko würzt man schwarze Bohnen mit *Epazote,* einem Küchenkraut, das bei uns nicht erhältlich ist und für das die europäische Küche nichts Vergleichbares hat. Selbst in Mexiko ist Epazote nicht überall zu bekommen, deshalb ist es nicht ungewöhnlich, diese Bohnensuppe auch mit Koriandergrün zu würzen.

150 g schwarze Bohnen · 1 Zwiebel · 1 Knoblauchzehe
1 Stange Staudensellerie · 1 grüne Chili · 1 l Hühnerbrühe
1 Scheibe magerer Räucherspeck (oder 1 Schinkenknochen)
2—3 Stengel Koriandergrün (oder 1 Stengel Epazote)
1 TL Chilipulver
4 EL geriebener Käse (Emmentaler oder Mozzarella)
Salz · frischgemahlener Pfeffer

Die Bohnen einige Stunden in lauwarmem Wasser einweichen. Danach auf ein Sieb schütten, abspülen und abtropfen lassen. Zusammen mit der gewürfelten Zwiebel, der zerdrückten Knoblauchzehe, der geputzten und in kleine Scheiben geschnittenen Selleriestange und der entkernten, kleingeschnittenen Chilischote in einen Topf geben. Die Brühe zugießen. Den Schinkenknochen oder den Räucherspeck und das Koriandergrün zufügen. Noch nicht salzen. Zum Kochen bringen und auf kleiner Flamme in etwa 2 Stunden weich garen. In einem Schnellkochtopf verkürzt sich die Garzeit auf etwa 40 Minuten.

Wenn die Bohnen weich sind, den Räucherspeck oder den Schinkenknochen herausnehmen. Den Räucherspeck würfeln und nach dem Pürieren wieder in die Suppe geben. Die Bohnensuppe in der Küchenmaschine oder mit dem Pürierstab pürieren. Eventuell noch durch ein Sieb streichen und falls die Suppe zu dickflüssig ist, etwas Brühe oder Wasser einrühren. Mit Chilipulver, Salz, frischgemahlenem Pfeffer und nach Belieben mit einigen Spritzern Limetten- oder Zitronensaft abschmecken. Den geriebenen Käse darüberstreuen und die Suppe servieren. Statt Käse kann man auch je 1 EL Crème fraîche in die Suppenteller geben, was in der dunklen Suppe besonders hübsch aussieht.

Kichererbsensuppe

Sopa de garbanzos

Diese Suppe stammt aus Oaxaca in Südmexiko, wo sich altindianische Traditionen, aber auch südspanische Elemente aus der frühen Kolonialzeit bis heute gehalten haben. Der Einfluß der arabischen Küche (erst im Jahr der Entdeckung Amerikas ging die Maurenherrschaft in Granada zu Ende) ist in diesem Gericht unverkennbar. Diese Suppe wird oft mit Spiegeleiern serviert. Sie ist dann eine eigenständige Mahlzeit.

400 g gekochte Kichererbsen (a. d. Dose)
1 Zwiebel · 1 Knoblauchzehe · 2 EL Öl
1 l Hühnerbrühe · 1 EL feingeschnittene frische Minze
1 Prise gemahlener Kreuzkümmel · Salz
frischgemahlener schwarzer Pfeffer

Die Zwiebel würfeln und zusammen mit der zerdrückten Knoblauchzehe in Öl glasig dünsten. Die Kichererbsen zufügen und einige Minuten anschwitzen. Anschließend die Hühnerbrühe zugießen und zum Kochen bringen. Auf kleiner Flamme etwa 10 Minuten kochen lassen. Danach mit dem Pürierstab des Handrührgerätes oder im Mixer pürieren. Die in feine Streifen geschnittene Minze unterheben und die Suppe mit etwas Kreuzkümmel, Salz und frischgemahlenem schwarzen Pfeffer abschmecken.

Gemüsesuppe

Sopa de verduras

1 Kartoffel (festkochend) · 2 Zuckermaiskolben
2 Karotten · 150 g Stangenbohnen
100 g grüne Erbsen (tiefgefroren) · 1 l kräftige Rinderbrühe
1 Zwiebel · 2 Knoblauchzehen · 2 Fleischtomaten
3 EL Sonnenblumenöl · Salz · frischgemahlener Pfeffer
1 EL feingeschnittene Petersilie · 1–2 Chillies (nach Belieben)

Die Kartoffel schälen und in Würfel schneiden. Die Maiskolben in etwa 2 cm dicke Scheiben schneiden. Die Karotten und die Bohnen putzen. Die Karotten schräg in Scheiben, die Bohnen schräg in Streifen schneiden. Das Gemüse in der Brühe aufsetzen und zum Kochen bringen. Zugedeckt auf kleiner Flamme weich garen. Die Tiefkühlerbsen erst etwa 10 Minuten vor Ende der Kochzeit zufügen.

Unterdessen die Zwiebel würfeln und den Knoblauch zerdrük-ken. Die Fleischtomaten brühen, kalt abschrecken und grob zer-schneiden. Im heißen Öl etwa 10 Minuten unter Rühren schmo-ren. Mit Salz und frischgemahlenem Pfeffer abschmecken, die feingeschnittene Petersilie unterheben.

Nach Belieben die entkernten und in dünne Scheibchen geschnit-tenen Chilischoten zufügen.

Die Gemüsesuppe in einer Terrine auftragen. Die geschmorten Tomaten getrennt in einer Schale dazu reichen, damit sich jeder selbst einen Löffel davon in seine Suppe rühren kann.

v. u. n. o. *Tostada California II, Avocadobutter* (Rezepte Seite 37, 25)

Tomatensuppe

Sopa de jitomate

(Foto Seite 89)

---

2 Zwiebeln · 1 mittelgroße Kartoffel

1 rote Paprikaschote · 1 Stange Staudensellerie

2 Knoblauchzehen · 2 EL Speiseöl

1 kg Tomaten, geschält und zerschnitten oder 1 Dose geschälte Tomaten

1 l kräftige Rinderbrühe · 1 rote Chili

1 EL feingeschnittenes Koriandergrün · 100 g Mozzarella

1 TL brauner Rohrzucker · Salz

Die Zwiebeln und die Kartoffel schälen und würfeln. Die Paprikaschote halbieren, Samenstand und Stielansatz entfernen, das Fruchtfleisch würfeln. Den Staudensellerie in dünne Scheiben schneiden. Die Knoblauchzehen fein hacken. Das Gemüse vermischen und in heißem Öl andünsten. Die zerkleinerten Tomaten samt ihrem Saft sowie die entkernte, feingehackte Chilischote einrühren. Die Rinderbrühe angießen. Zum Kochen bringen und auf kleiner Flamme etwa 30 Minuten kochen lassen.

Anschließend die Suppe mit etwas Zucker und Salz abschmecken. Zuletzt den gewürfelten Mozzarella und das feingeschnittene Koriandergrün einstreuen.

Maissuppe
Sopa de elote

---

6 frische Zuckermaiskolben · 2 Schalotten

1 kleine Knoblauchzehe · 15 g Butter · 750 ml Hühnerbrühe

150 ml Sahne · Saft von ½ Limette

1 EL gezupftes Koriandergrün · Salz

Die Maiskörner mit einem Messer von den Kolben schneiden. In einem Topf die Butter zerlaufen lassen. Die feingewürfelten Schalotten und die kleingehackte Knoblauchzehe darin glasig dünsten, jedoch auf keinen Fall bräunen. Die Maiskörner einrühren, 1–2 EL Brühe zufügen und den Mais auf kleiner Flamme einige Minuten anschwitzen. Die Hühnerbrühe zugießen und die Suppe zum Kochen bringen. Über reduzierter Hitze etwa 20 Minuten kochen lassen. Anschließend die Sahne einrühren und nochmals etwa 5 Minuten kochen lassen. Danach mit dem Pürierstab des Handrührgeräts oder in der Küchenmaschine pürieren. Mit Salz und Limettensaft abschmecken und mit Koriandergrün bestreuen. Nach Belieben noch einige kleine Avocadowürfel darübergeben und sofort servieren.

Knoblauchsuppe
Sopa de ajo

Trotz des vielen Knoblauchs hat diese Suppe einen erstaunlich milden Geschmack. Oft wird sie noch mit Käse bestreut oder mit darin pochierten Eiern serviert.

10 Knoblauchzehen · 30 g Butter · 1 TL Mehl
750 ml Hühnerbrühe · 2 Eigelb · 100 ml Sahne · Salz
frischgemahlener Pfeffer · 1 EL feingeschnittene Petersilie
4 EL geröstete Brotwürfel

Den Knoblauch schälen, zerschneiden und in der Butter über milder Hitze andünsten. Das Mehl darüberstäuben, kurz anschwitzen, jedoch nicht bräunen. Die Brühe einrühren und zum Kochen bringen. Auf kleiner Flamme 20 Minuten kochen lassen. Anschließend die Suppe durch ein feines Sieb treiben.

Die beiden Eigelb mit der Sahne verquirlen und abseits vom Feuer in die heiße Suppe rühren. Zurück aufs Feuer setzen und über schwacher Hitze so lange rühren, bis die Suppe bindet. Nicht mehr kochen lassen. Feingeschnittene Petersilie sowie geröstete Brotwürfel einstreuen und servieren.

Hafersuppe

Sopa de avena

Diese einfache Suppe gilt als magenberuhigend und stärkend. Auch Kinder mögen sie. Man kann sie mit einem verquirlten Ei und feingeschnittener Petersilie abwandeln.

4 Scheiben Frühstücksspeck · 10 g Butter
1 Zwiebel · 60 g Haferflocken · 1 l Hühnerbrühe
Salz · frischgemahlener schwarzer Pfeffer

Den Frühstücksspeck in dünne Streifen schneiden und in einem Topf in der zerlassenen Butter kroß braten. Den Speck mit der Schaumkelle herausheben und bereithalten. Die Haferflocken im

Bratfett kurz anrösten. Die in Streifen geschnittene Zwiebel zufügen und andünsten, jedoch nicht bräunen. Anschließend die Brühe einrühren und zum Kochen bringen. Auf kleiner Flamme unter häufigem Rühren etwa 10 Minuten kochen lassen. Vor dem Anrichten mit den kroß gebratenen Speckstreifen und nach Belieben noch mit etwas feingeschnittener Petersilie bestreuen.

Nudelsuppe
Sopa de fideo

100 g Fadennudeln · 3 EL Sonnenblumenöl
1 Zwiebel · 1 Knoblauchzehe · 1 große Fleischtomate
1 TL Tomatenmark · 1 rote Chili · 1 l Hühnerbrühe
2 EL feingeschnittene Petersilie · Salz

Die Fadennudeln brechen und in 1 EL Öl in einer Pfanne einige Minuten anrösten, dabei ständig rühren, damit sie nicht anbrennen. In einem Topf das restliche Öl erhitzen. Darin die gewürfelte Zwiebel und die zerdrückte Knoblauchzehe anschwitzen. Die abgezogene, grob zerschnittene Tomate, das Tomatenmark sowie die entkernte, in Scheibchen geschnittene Chilischote einrühren und etwa 10 Minuten schmoren. Anschließend die gerösteten Fadennudeln einstreuen und die Brühe zugießen. Etwa 15 Minuten auf kleiner Flamme kochen lassen, dabei öfter umrühren. Mit etwas Salz abschmecken und mit feingeschnittener Petersilie bestreuen.

Fleischklößchen-Suppe
Sopa de albondiguitas

Mit reichlicher Einlage ist diese Suppe ein Hauptgericht. Mit nur wenigen Gemüsestreifen und einigen Fleischklößchen ist sie eine Vorspeise.

1 Lauch · 2 Karotten · 2 weiße Rübchen
2 kleine Zucchini · 2 EL Sonnenblumenöl · 1 Fleischtomate
2 l Rinderbrühe · Salz · frischgemahlener schwarzer Pfeffer
FÜR DIE FLEISCHKLÖSSCHEN:
250 g mageres Rinderhackfleisch · 150 g Schweinehackfleisch
2 EL gekochter Reis · 1 kleine Zwiebel · 1 Ei
1 EL feingeschnittenes Koriandergrün · 1 Prise Cayennepfeffer

Den gründlich gewaschenen Lauch in feine Streifen, die Karotten in Scheiben, die Zucchini und die geschälten Rübchen in Würfel schneiden. Das Gemüse salzen und in Öl anschwitzen, jedoch nicht bräunen. Anschließend die Rinderbrühe zugießen, zum Kochen bringen und auf kleiner Flamme kochen lassen. Die Fleischtomate brühen, kalt abschrecken, abziehen, halbieren und die Kerne ausdrücken. Das Fruchtfleisch in kleine Würfel schneiden und erst zusammen mit den Fleischklößchen in die Suppe geben.

Unterdessen das Hackfleisch mit dem gekochten Reis, der sehr feingewürfelten Zwiebel und dem verquirlten Ei gut vermischen. Mit Salz, frischgemahlenem Pfeffer und 1 Prise Cayennepfeffer abschmecken. Das feingeschnittene Koriandergrün einarbeiten. Mit nassen Händen etwa walnußgroße Klößchen formen und in die siedende Suppe legen. Im offenen Topf auf kleiner Flamme etwa 25 Minuten garen.

Die angegebenen Zutaten ergeben 6 Portionen.

Avocadosuppe

Sopa de aguacate

Diese Suppe schmeckt zwar kalt am besten, doch man kann sie auch mit heißer Hühnerbrühe zubereiten. Dann sollte die heiße Brühe mit den pürierten Avocados vermischt werden und danach nicht mehr kochen. Diese im Handumdrehen zubereitete Suppe darf nicht lange stehen, da sie sonst ihre appetitliche grüne Farbe verliert.

---

2 reife Avocados · Saft und abgeriebene Schale von 1 Limette

1 TL Koriandergrün · 1 kleine Knoblauchzehe

750 ml kalte Hühnerbrühe · einige Spritzer Tabasco · Salz

Die Avocados schälen und die Kerne entfernen. Das grob zerschnittene Fruchtfleisch zusammen mit dem Limettensaft, der abgeriebenen Limettenschale und der durch die Knoblauchpresse getriebenen Knoblauchzehe im Mixer pürieren. Dabei langsam die kalte Hühnerbrühe einlaufen lassen. Die Suppe mit Salz und einigen Spritzern Tabasco abschmecken. Nach Belieben mit kleinen Avocadowürfeln und etwas gezupftem Koriandergrün garnieren und sofort servieren.

Fischsuppe

Caldo de pescado

Im allgemeinen werden solche Suppen mit Wasser aufgegossen. Wenn man jedoch eine leichte Fischbrühe verwendet, wird die Suppe kräftiger und schmeckt besser.

---

250 g Rotbarschfilet · 2 EL Öl

2 EL Ancho-Chilipüree (Rezept Seite 16)

2 Zwiebeln · 2 Knoblauchzehen · 250 g gewürfelte Tomaten

1 l Fischbrühe · 1 Stange Staudensellerie

2 Kartoffeln (festkochend) · 1 Prise gemahlener Kreuzkümmel

1 Prise Cayennepfeffer · 1 EL frischgemahlenes Koriandergrün

Salz · 2 Limetten

Das Rotbarschfilet kalt abspülen, trockentupfen und in mundgerechte Stücke schneiden, mit Limettensaft beträufeln, salzen und bereithalten.

Das Öl in einem großen Topf erhitzen. Das Chilipüree einrühren. Die gewürfelten Zwiebeln und die zerdrückten Knoblauchzehen zufügen und glasig dünsten. Anschließend die Tomatenwürfel einstreuen, salzen und etwa 10 Minuten unter ständigem Rühren leicht einkochen lassen. Die Brühe zugießen. Die in dünne Scheibchen geschnittene Selleriestange und die kleingewürfelten Kartoffeln zufügen. Zum Kochen bringen und das Gemüse auf kleiner Flamme weich garen. Mit Salz sowie je einer Prise Kreuzkümmel und Cayennepfeffer abschmecken und das feingeschnittene Koriandergrün unterheben. Die Fischwürfel in die siedende Suppe einlegen und etwa 5 Minuten garen. Mit Limettenschnitzen servieren.

Mais-Eintopf
mit Schweinerippchen
Pozole

Pozole ist ein rustikaler Eintopf, für den gewöhnlich preiswertes Schweinefleisch — Rippchen, Schweinsfüße, Schweinskopf und Ohren — verwendet wird. Wenn man sich an die Tradition halten will, dann kann man zu den Rippchen noch einen halben Schweinskopf in den Topf stecken. Für einen weniger fetten Pozole sollte man mageres Schweinefleisch verwenden. Zu Pozole gehört jedoch immer ein besonders vorbehandelter weißkörniger Mais, der in Dosen im Spezialitätenhandel erhältlich ist.

500 g Schweinerippchen
2 Lorbeerblätter · 1 TL Korianderkörner
500 g gewürfeltes, mageres Schweinefleisch · 2 EL Öl
4 Knoblauchzehen · 1 Zwiebel
2 EL Ancho-Chilipüree (Rezept Seite 16)
1 Dose (860 g) Mais für Pozole
1 TL Chilipulver · Salz
ALS BEILAGEN:
rote Chilisauce · in Streifen geschnittener Eissalat
in Scheibchen geschnittene Radieschen · getrockneter Oregano
Tortilla-Chips

Die Rippchen in kaltem Wasser aufsetzen. Etwas Salz, die Lorbeerblätter und die grob zerdrückten Korianderkörner zufügen. Zum Kochen bringen und in etwa 1 Stunde weich garen. Die Rippchen aus der Brühe heben, leicht abkühlen lassen und die Knochen auslösen. Das Fleisch in Streifen schneiden. Die Brühe durchseihen und bereithalten.

Das Fleisch salzen und in heißem Öl schnell von allen Seiten anbräunen. Die zerdrückten Knoblauchzehen, die gewürfelte Zwiebel und das Chilipüree einrühren. Die in Streifen geschnittenen Rippchen zufügen und die durchgeseihte Brühe angießen. Den Pozole-Mais einrühren. Mit Salz und Chilipulver abschmecken. Zugedeckt auf kleiner Flamme in etwa 1 Stunde weich kochen. Den Pozole in Suppenschalen servieren und die Beilagen getrennt dazu reichen.

Weißer Reis

Arroz blanco

Reis wurde schon im 16. Jahrhundert von den Spaniern und Portugiesen aus Manila nach Mexiko gebracht, wo er schnell ungemein populär wurde. Für mexikanische Reisgerichte soll einfacher Langkornreis verwendet werden. Keinen »parboiled« Reis dafür nehmen, da dieser nicht genügend quillt.
Reisgerichte (sopas de arroz) gelten als »sopas secas«.

250 g Langkornreis · 3 EL Sonnenblumenöl
1 Zwiebel · 1 Knoblauchzehe · 1 Chili
500 ml Hühnerbrühe · 1 gestrichener TL Salz

Den Reis in ein Sieb geben, mit kochendem Wasser überbrühen, kalt abspülen und abtropfen lassen. Das Öl in einem Topf erhitzen. Die gewürfelte Zwiebel und die zerdrückte Knoblauchzehe darin glasig dünsten. Den Reis hineinschütten und unter Rühren ebenfalls glasig dünsten. Die Hühnerbrühe (man kann Bouillonwürfel verwenden) zugießen und das Salz sowie die entkernte, kleingeschnittene Chilischote zufügen. Man kann auch die Chilischote im ganzen auf den Reis legen. Zum Kochen bringen, die Hitze reduzieren und den Reis zugedeckt bei geringer Hitze in etwa 25 Minuten weich garen. Falls nötig, noch etwas Flüssigkeit nachgießen.

Grüner Reis

Arroz verde

250 g Langkornreis · 3 EL Sonnenblumenöl
1 Zwiebel · 1–2 Knoblauchzehen · 1 grüne Paprikaschote
1 grüne Chili · 2 EL feingeschnittene Petersilie
500 ml Hühnerbrühe · 2 EL feingeschnittenes Koriandergrün
1 TL Salz

Den Reis in ein Sieb schütten, mit kochendem Wasser übergießen, kalt abspülen und abtropfen lassen. Die Zwiebel und die Knoblauchzehen schälen, grob zerschneiden und zusammen mit der entkernten Paprika- und Chilischote und der Petersilie im Mixer fein pürieren. Den Reis im heißen Öl unter ständigem Rühren glasig werden lassen. Das grüne Püree einrühren und einige Minuten dünsten. Anschließend die Brühe angießen, das Salz zufügen und zum Kochen bringen. Danach den Reis zugedeckt auf kleiner Flamme in etwa 25 Minuten weich garen. Etwa 10 Minuten vor Ende der Kochzeit das feingeschnittene Koriandergrün unterheben. Falls nötig, noch etwas Flüssigkeit nachgießen.

Reis auf mexikanische Art

Sopa seca de arroz a la mexicana

Dieses Reisgericht kann man mehrfach abwandeln: mit Karotten-
streifen und grünen Erbsen, die man unterhebt und etwa 10 Minuten mitgaren läßt, mit Schinkenstreifen oder Shrimps, die man
im Reis nur erhitzt. Ausgezeichnet schmeckt er, wenn man ihn
nur mit gerösteten Pinienkernen bestreut.

250 g Langkornreis · 3 EL Sonnenblumenöl
1 Zwiebel · 2 Knoblauchzehen · 4 EL pürierte Tomaten
1 EL Tomatenmark · 500 ml Hühnerbrühe
1 Chili · 100 g grüne Erbsen (tiefgefroren)
1 EL feingeschnittenes Koriandergrün · 1 TL Salz

Den Reis auf ein Sieb schütten, mit kochendem Wasser überbrühen, kalt abspülen und abtropfen lassen. Das Öl in einem Topf erhitzen. Die gewürfelte Zwiebel und den zerdrückten Knoblauch
zufügen und glasig dünsten. Den Reis zugeben und ebenfalls glasig dünsten. Die pürierten Tomaten und das Tomatenmark einrühren. Anschließend salzen und die Brühe zugießen. Nach Belieben eine Chilischote zufügen. Den Reis zugedeckt auf kleiner
Flamme in etwa 30 Minuten weich garen. Etwa 10 Minuten vor
Ende der Garzeit die grünen Erbsen und das feingeschnittene Koriandergrün unterheben.

Reis mit schwarzen Bohnen

Moros con cristianos

In Mexiko liebt man es, Speisen bildhafte Namen zu geben. Bei diesem Gericht, das oft genug eine Hauptmahlzeit sein muß, verspeist man »Mohren mit Christen«. Der Reis kann statt in Brühe auch im Kochwasser der Bohnen gegart werden.

200 g Langkornreis · 1 Zwiebel · 2 Knoblauchzehen
4 EL Sonnenblumenöl · 200 g gekochte schwarze Bohnen
2 grüne Chillies · 500 ml Hühnerbrühe
1 EL feingeschnittenes Koriandergrün · 1 TL Salz
1 Kochbanane oder 2 feste Bananen

Den Reis überbrühen, kalt abspülen und abtropfen lassen. Zusammen mit der feingewürfelten Zwiebel und den zerdrückten Knoblauchzehen in Öl glasig dünsten. Die Bohnen unterheben, das Salz zufügen und die Chilischoten hineinlegen. Die Brühe zugießen und zum Kochen bringen. Den Reis zugedeckt auf kleiner Flamme in etwa 25 Minuten weich garen. Kurz vor Ende der Garzeit das Koriandergrün unterheben.
Unterdessen die Kochbanane oder die beiden festen Obstbananen schälen und in nicht zu dünne Scheiben schneiden. In etwas Öl oder Butter von beiden Seiten goldbraun braten.
Die »Moros con cristianos« in einer flachen Schüssel anrichten. Mit den gegarten Chilischoten (für Mutige) und den gebratenen Bananenscheiben belegen.

Montezuma-Auflauf

Budín Moctezuma

Mit einem buntgemischten Salat kann man diesen gehaltvollen Tortilla-Schichtpudding als Hauptmahlzeit servieren. Zusätzlich können noch gedünstete Paprikastreifen oder Zucchini eingeschichtet werden. Statt Tortilla-Chips kann man auch kurz in Öl erhitzte Tortillas und statt einer milden roten Tomatensauce auch eine mit Chili gewürzte, grüne Sauce aus Tomatillos verwenden.

500 g Tomaten · 1 Gemüsezwiebel · 1 Knoblauchzehe
1 TL Oregano · 2 EL Öl · 300 g gebratenes Hühnerfleisch
300 ml Crème fraîche · 125 g geriebener Käse
200 g Tortilla-Chips · Salz · frischgemahlener Pfeffer

Die Tomaten zusammen mit der grob zerschnittenen Zwiebel und der Knoblauchzehe im Mixer pürieren. Das Püree mit Oregano, Salz und Pfeffer würzen und im heißen Öl etwas einkochen lassen. Das gebratene Hühnerfleisch in Streifen schneiden.

Eine gefettete, ofenfeste Form mit der Hälfte der Hühnerfleischstreifen auslegen. Darüber die Hälfte der Tomatensauce und darüber die Hälfte der Crème fraîche verstreichen. Mit Tortilla-Chips belegen und mit einem Teil des Käses bestreuen. Das gleiche nochmals wiederholen. Den Abschluß soll eine Käseschicht bilden. Die Form mit Aluminiumfolie abdecken und für etwa 20 Minuten in den 180 °C heißen Ofen schieben. Danach die Folie entfernen und den Auflauf für weitere 10 Minuten in den Ofen geben, bis die Käseschicht Blasen wirft und leicht gebräunt ist.

Maissoufflé

Budín de elote

Das einfache Maissoufflé kann man auf verschiedene Art abwandeln. Man kann es mit 1–2 feingehackten Chilischoten schärfen, mit feingeschnittenem Koriandergrün würzen oder mit gewürfeltem gekochten Schinken oder Käse verfeinern.

---

40 g Butter · 1 Schalotte · 1 kleine Knoblauchzehe

250 g frische zarte Maiskörner · 3 Eier · 2 TL Mehl

1 EL geriebener Parmesan · Salz · frischgemahlener Pfeffer

In der heißen Butter die feingewürfelte Schalotte und den zerdrückten Knoblauch glasig dünsten. Die Maiskörner einrühren und einige Minuten anschwitzen. Im Mixer pürieren und mit den 3 Eigelb, Mehl und dem geriebenen Parmesan vermischen. Mit Salz und frischgemahlenem Pfeffer abschmecken. Anschließend das steifgeschlagene Eiweiß unterheben. Die Masse in eine gefettete Souffléform von etwa 20 cm Durchmesser füllen und im 180 °C heißen Ofen etwa 30 Minuten backen.

Gemüsegerichte und Salate

Verduras y ensaladas

Gemüsegerichte werden in Mexiko im allgemeinen als Zwischengericht vor dem Fleisch- oder Fischgang serviert. Gegrillt oder pikant eingelegt werden sie als Beilagen (adornos) zu Fleisch gereicht. Im Teigmantel ausgebacken oder gefüllt und überzogen mit einer Salsa können sie eine Vorspeise sein. Jedoch bei keiner Mahlzeit, selbst nicht beim Frühstück, fehlen Bohnen: Rote oder Kidneybohnen, Wachtel- oder Pintobohnen, schwarze Bohnen, um nur einige zu nennen. Vor allem in ländlichen Gegenden steht immer ein Tontopf mit Bohnen auf dem Herd. Bohnen werden zum morgendlichen Spiegelei gegessen, in Tortillas gerollt, auf Tostados gelegt, an Suppen und Schmorfleisch gegeben. Einige Löffel Bohnen beenden das Mittag- oder Abendessen.

Bohnen aus dem Topf

Frijoles de olla

Bohnen sollen nur knapp bedeckt mit Wasser aufgesetzt und auf kleiner Flamme langsam gegart werden. Erst wenn die Bohnen die Flüssigkeit aufgesogen haben, wird eine kleine Menge nachgeschüttet. Salz verhindert ein Weichwerden der Bohnen. Es wird daher immer erst kurz vor Ende der Garzeit zugefügt. Man streitet sich, ob man die Bohnen einweichen soll oder nicht. Ich meine, sie haben einen besseren Geschmack, wenn man es nicht tut.

---

250 g rote Bohnen oder Wachtelbohnen

1 Zwiebel · 1 Knoblauchzehe · 1 kleine Chili

1 EL Schweineschmalz · Salz

Die Bohnen zusammen mit der geviertelten Zwiebel, der ungeschälten Knoblauchzehe und der unzerschnittenen Chilischote in etwa 2 Liter Wasser aufsetzen. Zum Kochen bringen, den Deckel aufsetzen und die Hitze reduzieren. Auf kleiner Flamme langsam garen. Dabei noch einmal etwa 2 Liter Flüssigkeit nach und nach zugießen. Nach etwa 1 Stunde das Schweineschmalz einrühren. Erst salzen, wenn die Bohnen gerade eben weich sind. Weitergaren, bis die Bohnen butterzart sind.

Beim Kauf von Bohnen muß man auf das Abpack-Datum achten. Überlagerte Bohnen benötigen bis zu 4 Stunden Kochzeit, um weich zu werden. Wenn man es eilig hat, sollte man einfach gekochte Bohnen aus der Dose verwenden.

Gebratenes Bohnenpüree

Frijoles refritos

Dieses gebratene Bohnenpüree ist in der mexikanischen Küche unentbehrlich. Es ist in guter Qualität bei uns in Konserven erhältlich. Doch selbst zubereitete Frijoles refritos schmecken einfach besser.

Bohnen aus dem Topf (Rezept Seite 68)

3–4 EL frisches Schweineschmalz · Salz

In einer Pfanne 2 EL Schweineschmalz erhitzen. Die Bohnen mit einem Kartoffelstampfer zerstampfen und löffelweise ins heiße Fett rühren. Dabei das restliche Fett nach und nach zufügen. Das Püree soll zu einer dicken, cremigen Paste werden. Mit Salz abschmecken.

Die Frijoles refritos werden ein vollständiges Gericht, wenn man sie mit geriebenem Käse dick bestreut und unter dem Grill überbäckt oder mit gebratenem Chorizo (Rezept Seite 121) vermischt.

Schwarze Bohnen mit Tomaten und grünen Chillies

Frijoles negros enchilados

(Foto Seite 90)

Bohnengerichte von schwarzen Bohnen würzt man in Mexiko mit Epazote, einem einjährigen Gewürzkraut, das bei uns frisch leider nicht erhältlich ist. Falls man Samen bekommt, kann man versuchen, das Würzkraut im Blumentopf auf einer sonnigen Fensterbank zu ziehen.

400 g schwarze Bohnen · 1 l Wasser
100 g magerer Räucherspeck · 2 Fleischtomaten
1 Zwiebel · 1 Knoblauchzehe
1–2 grüne Chillies · 1 TL Salbei · 2 EL Speiseöl
50 g frische Weißbrotkrumen · 50 g geriebener Pecorino-Käse
1 EL flüssige Butter · Salz · frischgemahlener Pfeffer

Die Bohnen über Nacht in kaltem Wasser einweichen und am nächsten Tag im Einweichwasser zum Kochen bringen. Zugedeckt auf kleiner Flamme etwa 1 Stunde garen. Nach etwa der Hälfte der Garzeit den gewürfelten Räucherspeck zufügen. Eventuell etwas Wasser nachgießen.

Reich garnierte Tostada (Rezept Seite 34)

v. u. n. o. *Tacos mit Rindfleisch, Tacos mit Avocado–Dip, Tacos mit Pilzen, Margarita* (Rezepte Seite 40, 41, 42, 167)

Unterdessen die Tomaten brühen, abziehen und grob zerschneiden. Die Chilischoten längs aufschneiden und die Kerne entfernen. Die Schoten in feine Streifen schneiden. Die Zwiebel und den Knoblauch fein zerschneiden und in einem großen Schmortopf im Öl andünsten. Die Tomaten und die Chilistreifen einrühren und einige Minuten andünsten. Danach die Bohnen hineingeben. Mit Salbei, Salz und Pfeffer würzen. Den Deckel auflegen, den Topf in den Backofen stellen und bei 180 °C etwa 45 Minuten garen. Anschließend die Brotkrumen mit dem geriebenen Käse vermischen und auf die Bohnen streuen. Die Bohnen im offenen Topf überbacken, bis der Käse geschmolzen ist.

Rote Paprikaschoten, mit Frischkäse gefüllt

Chiles rojos rellenos de queso blanco

(Foto Seite 107)

2 rote Paprikaschoten · 2 TL Speiseöl
300 g Quark · 150 g Crème fraîche · 1 Knoblauchzehe
1 EL feingeschnittenes Koriandergrün
FÜR DIE VINAIGRETTE:
4 Schalotten · 1 grüne Chili · 2 EL Apfelessig
4 EL Speiseöl · 1 EL feingeschnittenes Koriandergrün · Salz

Zuerst die Vinaigrette bereiten. Dazu die Schalotten sehr fein würfeln. Die Chilischote entkernen, waschen und fein hacken. Den Essig mit einer Prise Salz verrühren und mit dem Öl verquirlen. Die Schalottenwürfel, die gehackte Chilischote und das Koriandergrün unterheben. Zugedeckt einige Zeit ziehen lassen.
Die Paprikaschoten waschen, halbieren und den Samenstand ent-

fernen. Die Schalenseite mit Öl einreiben und mit der Schnittfläche nach unten auf ein Backblech legen. Im heißen Ofen etwa 15 Minuten garen. Herausnehmen und abkühlen lassen.

Inzwischen den Quark durch ein Sieb streichen und mit der Crème fraîche glattrühren. Die durchgepreßte Knoblauchzehe einrühren und die Käsecreme mit Salz abschmecken. Zuletzt das Koriandergrün unterheben.

Die Paprikahälften mit der Käsecreme füllen und mit der Koriander-Chili-Vinaigrette überziehen.

Als Vorspeise mit Tortilla-Chips servieren.

Geschmorte Zwiebeln und milde Chillies

Cebollas y chiles

(Foto Seite 108)

16 junge Zwiebeln · 8 milde Chillies
4 EL Speiseöl · 4 EL Weißwein · 1 Prise Zucker
1 TL gemahlener Kreuzkümmel · Salz
frischgemahlener schwarzer Pfeffer

Die Zwiebeln schälen. Die Chilischoten waschen, längs etwas aufschlitzen und die Kerne herauskratzen.

Die Zwiebeln im Öl bei milder Hitze etwa 30 Minuten braten. Die Chillies zufügen und den Wein angießen. Zugedeckt weitere 10 Minuten schmoren. Danach den Deckel abheben und die Flüssigkeit einkochen lassen. Eine Prise Zucker zufügen und das Gemüse schwenken. Mit gemahlenem Kreuzkümmel, Salz und Pfeffer abschmecken und abkühlen lassen. Kalt zu scharfen Drinks oder warm zu gegrilltem Fleisch reichen.

Gegrilltes Gemüse

Legumbres asados

Zu *Carne asada,* auf dem Holzkohlengrill gebratenem Fleisch, serviert man gern gegrilltes Gemüse, in Längsstreifen geschnittene Zucchini und Paprikaschoten, halbierte Tomaten, aber auch Lauchzwiebeln.

Lauchzwiebeln · Zucchinistreifen

Paprikastreifen · Olivenöl · Saft von 1 Limette · Salz

---

frischgemahlener schwarzer Pfeffer

Gemüse mit Öl bestreichen und weich grillen. Mit Salz und frischgemahlenem Pfeffer bestreuen und mit Limettensaft beträufeln.

Kartöffelchen mit Knoblauch

Papitas al ajo

---

750 g kleine neue Kartoffeln · 50 g Butter · 2 EL Olivenöl

---

4 Knoblauchzehen · 1 TL feingehackter frischer Thymian

Salz · Cayennepfeffer

Die Kartoffeln gründlich waschen, jedoch nicht schälen und etwa 10 Minuten in kochendem Wasser vorgaren. Das Wasser abgießen und die Kartoffeln trocken dämpfen.

Inzwischen die Knoblauchzehen schälen und in dünne Scheibchen schneiden. Die Butter zusammen mit dem Öl in einer Pfanne erhitzen. Die Kartoffeln zufügen und den Knoblauch sowie den feingehackten Thymian einstreuen. Auf kleiner Flamme (der

Knoblauch darf nicht verbrennen, sonst schmeckt er bitter) etwa 6–8 Minuten unter ständigem Rühren braten, bis die Kartoffeln weich und die Knoblauchscheibchen knusprig sind. Mit Salz und einer Prise Cayennepfeffer bestreuen.

Diese Knoblauch-Kartoffeln sind — zusammen mit Paprikastreifen in saurer Sahne — köstlich zu gegrilltem Fleisch. Am besten nimmt man dazu etwa walnußgroße, neue Kartoffeln, wie sie jetzt häufig auch auf unseren Märkten angeboten werden. Man kann jedoch auch große Kartoffeln schälen, in Würfel schneiden, vorgaren und mit den gleichen Gewürzzutaten fertig braten.

Paprikastreifen in saurer Sahne
Rajas de chile poblano con crema

4 große grüne Paprikaschoten · 1 kleine rote Chili
1 Gemüsezwiebel · 4 EL Öl · 150 ml saure Sahne · Salz

Die Paprikaschoten halbieren, den Stielansatz und den Samenstand entfernen. Das Fruchtfleisch in etwa 1 cm breite Längsstreifen schneiden. Die Chilischote längs aufschlitzen, die Kerne und weißen Rippen entfernen. Die Chilischote in sehr dünne Querstreifen schneiden. Die Zwiebel schälen, halbieren und in Streifen schneiden.

Das Öl in einer Pfanne erhitzen. Die Zwiebelstreifen darin glasig dünsten. Die Paprika- und Chilistreifen zufügen, salzen und unter häufigem Rühren weich dünsten. Zuletzt die Sahne einrühren und auf kleiner Flamme sämig einkochen lassen. Abschmecken und nach Belieben etwas geschnittenes Koriandergrün unterheben.

Paprikasalat

Pimientos asados

je 1 rote, gelbe und grüne Paprikaschote
1 Knoblauchzehe · 6 EL Olivenöl
2 EL Weinessig (oder Aceto Balsamico) · 1 Prise Zucker
Salz · frischgemahlener schwarzer Pfeffer

Die Paprikaschoten mit Öl einreiben, unter den heißen Grill legen und mehrmals wenden, bis die Haut Blasen wirft. Sofort in einen Plastikbeutel geben und darin ausdämpfen lassen. Nach 10 Minuten herausnehmen und vom Stielansatz her die Haut abziehen. Die Schoten halbieren, Samenstand und Stielansatz entfernen und das Fruchtfleisch in Streifen schneiden.

Den Knoblauch pressen und mit Öl und Essig verrühren. Mit einer Prise Zucker, Salz und frischgemahlenem Pfeffer abschmekken. Mit den Paprikastreifen vermischen und bei Raumtemperatur mindestens 1 Stunde ziehen lassen. Keine weiteren Zutaten zufügen. Der perfekte Geschmack dieses Gerichts liegt in seiner Einfachheit. Es ist köstlich zu gegrilltem Fleisch, aber auch zu gegrilltem Fisch.

Kichererbsen mit Tomaten

Garbanzos y jitomate

Kichererbsen stammen ursprünglich aus Asien und dem Mittelmeerraum und wurden von den Spaniern, die sie wiederum von den Arabern erhielten, nach Mexiko gebracht. Heute sind sie vor allem aus der ländlichen Küche Mittelamerikas nicht mehr wegzudenken. Sie sind fast ebenso eiweiß- und mineralstoffreich wie

Bohnen. Im Gegensatz zu diesen zermusen sie jedoch auch bei längerem Kochen nicht. Ihr angenehmer, fast nußartiger Geschmack kommt in Schmorgerichten und Salaten besonders gut zur Geltung. In unsere Küchen zieht die Kichererbse jetzt langsam über die Vollwertkost ein. Im folgenden Gericht spürt man noch deutlich den spanisch-arabischen Einfluß.

---

250 g Kichererbsen · 2 EL Öl · 1 Gemüsezwiebel

2 Knoblauchzehen · 2 Stangen Staudensellerie

2 Fleischtomaten · 1 rote Paprikaschote · 1 l Wasser oder Brühe

1 Prise gemahlener Kreuzkümmel · Salz

frischgemahlener schwarzer Pfeffer

Die Kichererbsen über Nacht einweichen. Anschließend das Einweichwasser abschütten.

Im heißen Öl die gewürfelten Gemüsezwiebel und die zerdrückten Knoblauchzehen glasig dünsten. Die geputzten, in dünne Scheiben geschnittenen Selleriestangen, die abgezogenen, grob zerschnittenen Tomaten und die gewürfelte rote Paprikaschote einrühren. Mit einer Prise gemahlenem Kreuzkümmel, Salz und Pfeffer abschmecken. Die eingeweichten Kichererbsen zufügen und das Wasser oder besser eine kräftige Brühe zugießen. Auf kleiner Flamme in etwa 1½ Stunden weich kochen. Mehrmals abschmecken und zu Reis servieren. Um die Kochzeit erheblich zu verkürzen, kann man für dieses Gemüsegericht den Schnellkochtopf verwenden. Die Garzeit verringert sich dann auf 35—40 Minuten.

Kichererbsen-Salat mit grünen Bohnen

Ensalada de garbanzos y ejotes

---

1 Dose Kichererbsen (ca. 280 g) · 500 g junge Salatbohnen

1 Knoblauchzehe · 2 Schalotten · 5 EL Olivenöl extra vergine

2 EL Weinessig · ½ TL Tabasco · 1 Prise Zucker

Salz · frischgemahlener schwarzer Pfeffer

Die Kichererbsen aus der Dose auf ein Sieb schütten, gründlich unter fließendem kalten Wasser abspülen und abtropfen lassen. Die Salatbohnen putzen, halbieren und in kochendem, stark gesalzenem Wasser etwa 8—10 Minuten garen. Sie sollen noch bißfest sein. Sofort kalt abschrecken und gründlich abtropfen lassen.

Die Knoblauchzehe durch die Knoblauchpresse treiben und die Schalotten fein würfeln. Das Olivenöl mit dem Weinessig zu einer Vinaigrette verquirlen. Mit Tabasco, Zucker, Salz und Pfeffer abschmecken. Den durchgepreßten Knoblauch und die Zwiebelwürfel einrühren.

Die Kichererbsen mit den Bohnen in einer Salatschüssel vermengen und mit der Vinaigrette übergießen. Mischen und zugedeckt im Kühlschrank einige Stunden ziehen lassen. Nach Belieben unmittelbar vor dem Anrichten mit Käse- oder Tomatenwürfeln bestreuen.

Bohnensalat

Ensalada de ejotes

300 g zarte Salatbohnen · 1 Bund Radieschen
2 hartgekochte Eier · 1 Zwiebel · 1 TL frischer Thymian
3 EL Öl · 1 EL Obstessig · 1 Prise Zucker
Salz · frischgemahlener schwarzer Pfeffer

Die Bohnen putzen, in Stücke brechen und in stark gesalzenem, kochendem Wasser bißfest garen. Herausnehmen, kalt abschrecken und abtropfen lassen. Die Radieschen waschen und in Scheiben schneiden. Die Eier aus den Schalen pellen und halbieren. Das Eigelb herauslösen und durch ein grobes Sieb drücken. Das Eiweiß fein hacken. Die Zwiebel in feine Würfel schneiden.
Aus den restlichen Zutaten eine Vinaigrette rühren und das gehackte Eiweiß unterheben. Die noch lauwarmen Bohnen mit der Vinaigrette vermischen. Die Radieschenscheiben, die Zwiebelwürfel sowie den feingehackten Thymian unterheben. Den Salat mit dem Eigelb bestreuen.

Grüne Bohnen mit Limettensaft

Ejotes con limon

500 g junge grüne Bohnen · 30 g Butter
1 Schalotte · 1 Knoblauchzehe · 2 EL Crème fraîche
Saft und abgeriebene Schale von 1 Limette · Salz
frischgemahlener schwarzer Pfeffer · 1 kleine rote Paprikaschote

Die Bohnen putzen, in kochendes, stark gesalzenes Wasser geben und etwa 4 Minuten blanchieren. Herausnehmen, kalt abschrecken und abtropfen lassen.

Inzwischen die Butter zerlaufen lassen und darin die feingewürfelte Schalotte und Knoblauchzehe glasig dünsten. Nicht anbräunen! Die Crème fraîche einrühren. Danach die Bohnen zufügen, mit Salz und frischgemahlenem Pfeffer sowie der abgeriebenen Limettenschale bestreuen und weich dünsten. Mit dem Limettensaft beträufeln und anrichten.

Überbackene Chayoten I

Chayotes al horno

Die Chayote ist ein rankendes Kürbisgewächs, das aus Mexiko stammt, aber in vielen tropischen Regionen der Erde verbreitet ist. Die durchschnittlich 10—15 cm langen, hellgrünen, birnenförmigen Früchte haben einen milden Geschmack, der an Zucchini erinnert. Sie wurden schon von den Azteken angebaut. Heute bereitet man sie in Mexiko auf die verschiedenste Weise zu: gekocht wie Zucchini, gefüllt mit Fleisch und Käse oder roh aufgeschnitten mit Limettensaft beträufelt und mit Salz und Chilipulver bestreut. Sogar als Süßspeise mit einer zimtgewürzten Reis- und Rosinenfüllung werden sie serviert. Ab und zu sieht man Chayoten auch bei uns im Handel.

2 Chayoten · 1 EL Öl · 100 g Chorizo (Rezept Seite 121)
1 Zwiebel · 1 Knoblauchzehe · 1 grüne Chili
1 EL kleingewürfelte Tomaten · 2 EL frische Weißbrotkrumen
2 EL geriebener Käse (milder Emmentaler) · Salz
frischgemahlener schwarzer Pfeffer

Die Chayoten in Salzwasser in etwa 30 Minuten weich kochen, halbieren und das Fruchtfleisch mit einem Löffel auskratzen, ohne die Schale zu beschädigen. Den eßbaren Kern mitverwenden.

Im heißen Öl den zerbröckelten Chorizo kurz anbraten. Die feingehackte Knoblauchzehe, die gewürfelte Zwiebel, die entkernte,
fein zerschnittene Chilischote und die Tomatenwürfel unterheben und weich dünsten. Mit dem zerkleinerten Fruchtfleisch der
Chayoten vermischen. Die Masse mit Salz und frischgemahlenem
Pfeffer abschmecken und in die ausgehöhlten Schalen füllen. Die
frischen Weißbrotkrumen mit dem Käse vermischen und auf die
gefüllten Chayoten streuen. Mit Butterflöckchen belegen, in eine
ofenfeste Schale legen und im 180 °C heißen Ofen etwa 15 Minuten
überbacken.

Überbackene Chayoten II

Chayotes al horno

2 Chayoten · 1 Schalotte
100 g geriebener milder Käse (Mozzarella)
2 EL gekochter Reis · 1 EL gemahlene Mandeln
4 EL frische Weißbrotkrumen
½ TL brauner Rohrzucker · ½ TL Zimt · 30 g Butter
Salz · frischgemahlener schwarzer Pfeffer

Die Chayoten wie oben angegeben vorbereiten, halbieren und
aushöhlen. Das Fruchtfleisch zerdrücken und mit der feingewürfelten Zwiebel, dem geriebenen Käse, dem gekochten Reis und
den gemahlenen Mandeln vermischen. Mit etwas Salz und frischgemahlenem Pfeffer abschmecken und in die ausgehöhlten Schalen füllen. Die frischen Weißbrotkrumen mit dem Zucker und
dem Zimt vermischen und auf die Füllung streuen. Die Hälfte der
Butter in kleinen Flocken darauf verteilen.
Mit der restlichen Butter eine ofenfeste Form ausstreichen. Die
gefüllten Chayoten hineinsetzen und bei 180 °C im Ofen überbakken, bis die Brotkrumen gebräunt sind.

Mexikanischer Kartoffelsalat

Ensalada de papa

6 Kartoffeln (festkochend) · 2 Äpfel (Cox-Orange)
¼ Salatgurke · 3 Stangen Staudensellerie
2 Scheiben Ananas (nach Belieben)
100 g grobgehackte Pecannüsse (ersatzweise Walnüsse)
1 Bund glattblättrige Petersilie · 6 EL Mayonnaise
3 EL Brühe · 1 TL Obstessig · einige Tropfen Tabasco
Salz · frischgemahlener Pfeffer

Die Kartoffeln in der Schale weich kochen, pellen und in etwa
1,5 cm große Würfel schneiden. Die Äpfel und die Gurke schälen
und ebenfalls würfeln. Die Selleriestangen putzen und in Scheibchen schneiden. Die Ananas (möglichst frisch und nicht aus der
Dose) würfeln. Die Nüsse grob zerhacken. Die Petersilie waschen
und zerschneiden. In einer Salatschüssel die Mayonnaise mit der
Brühe, dem Obstessig und dem Tabasco verrühren. Alle anderen
Zutaten dazugeben und vorsichtig vermengen. Mit Salz und Pfeffer abschmecken und 30 Minuten ziehen lassen.

Pilze in grüner Sauce

Hongos en salsa verde

500 g gemischte Waldpilze · 1 Zwiebel
1 Knoblauchzehe · 2–3 EL Öl · 1 grüne Chili
4 Tomatillos (a. d. Dose) · 1 Prise gemahlener Kreuzkümmel
1 EL frisches Koriandergrün · Salz

Die Pilze putzen und zerschneiden. Die gewürfelte Zwiebel zusammen mit der feingehackten Knoblauchzehe in Öl glasig dünsten. Die Pilze, die entkernte, in feine Streifen geschnittene Chilischote und die feingehackten Tomatillos zufügen. Mit Salz und etwas gemahlenem Kreuzkümmel würzen und etwa 20 Minuten über mittlerer Hitze schmoren — die Sauce soll nicht zu stark einkochen. Nach 10 Minuten das feingeschnittene Koriandergrün unterheben und nochmals abschmecken.

Gemüse-Schmortopf
Colache

Dieses Gemüsegericht ist sowohl in der mexikanischen wie in der Tex-Mex-Küche beliebt. Es schmeckt auch aufgewärmt gut und eignet sich, mit geriebenem Käse vermischt, ausgezeichnet zum Füllen von Enchiladas.

60 g Butter oder frisches Schweineschmalz · 1 Zwiebel
1 Knoblauchzehe · 750 g gewürfelte Zucchini oder Kürbis
4 Zuckermaiskolben · 1 grüne Paprikaschote
1 rote Chili · 2 Fleischtomaten · Salz

Die Butter in einem Schmortopf zerlaufen lassen. Darin die gewürfelte Zwiebel und die zerdrückte Knoblauchzehe glasig dünsten. Die Zucchini würfeln. Mit einem Messer die Maiskörner von den Kolben schaben. Die Paprikaschote halbieren, den Stielansatz sowie den Samenstand entfernen und das Fruchtfleisch in Streifen schneiden. Die Chilischote aufschlitzen, entkernen und in dünne Scheibchen schneiden. Die Fleischtomaten brühen, kalt abschrecken, abziehen und grob zerschneiden. Das Gemüse in den Schmortopf geben, salzen und vermischen. Zugedeckt auf kleiner Flamme in etwa 20 Minuten weich schmoren, dabei mehrmals umrühren.

Gefüllte Zucchini
Calabacitas rellenas de elote

Kürbisgewächse und Mais sind die ältesten Kulturpflanzen Mexikos. In diesem Gericht sind sie vereint.

2 dicke Zucchini (etwa 20 cm lang)
250 g frische Maiskörner · 2 Eier · 2 EL Crème fraîche
150 g geriebener Käse (Emmentaler) · Salz
frischgemahlener Pfeffer · 30 g Butter
etwas gezupftes Koriandergrün (ersatzweise Petersilie)
FÜR DIE SAUCE:
500 g Tomaten · 1 EL rote Paprikawürfel
1 kleine Zwiebel · 1 Knoblauchzehe
2 EL Speiseöl · 1 Prise Oregano

Die Zucchini waschen und längs halbieren, aber nicht schälen. Mit einem Löffel bis auf etwa 1 cm Wandstärke aushöhlen. Die Maiskörner mit den beiden Eigelb und der Crème fraîche im Mixer pürieren. Nur soviel vom Zucchinifruchtfleisch zufügen, daß das Püree nicht zu dünnflüssig wird. Mit Salz und frischgemahlenem Pfeffer würzen. Den geriebenen Käse und die beiden steifgeschlagenen Eiweiß unterheben. Die Zucchinihälften leicht salzen und pfeffern. In eine mit weicher Butter ausgestrichene, ofenfeste Form setzen und mit der Auflaufmasse füllen. Im 175°C heißen Ofen etwa 45 Minuten garen.

Unterdessen die Tomaten grob zerschneiden. Zusammen mit den Paprika- und Zwiebelwürfeln sowie dem zerdrückten Knoblauch in Öl weich dünsten. Mit Oregano, Salz und frischgemahlenem Pfeffer würzen, eventuell noch mit einer Prise Zucker abschmecken und durch ein Sieb streichen. Die gebackenen Zucchini mit der Sauce umgießen und mit gezupftem Koriandergrün bestreuen.

Zucchini-Gemüse

Calabacitas caseras

Im allgemeinen werden in Mexiko die Zucchini viel früher gepflückt als bei uns. Sie sind dann noch sehr zart, 10–15 cm groß, und ihre große gelbe Blüte ist noch nicht abgefallen. Kurz gedämpft, nur mit Salz und Pfeffer gewürzt und mit brauner Butter übergossen, sind sie eine Delikatesse.

---

500 g kleine Zucchini · 2 EL Öl

1 Zwiebel · 1 Knoblauchzehe

1 TL scharfe Chillies (Jalapeño-Chillies a. d. Dose)

1 EL feingeschnittenes Koriandergrün oder glattblättrige Petersilie

---

Die Zucchini nicht schälen, nur waschen und in Scheiben schneiden. Das Öl in einer Pfanne erhitzen. Die gewürfelte Zwiebel und den zerdrückten Knoblauch darin glasig dünsten.
Anschließend die Chillies einrühren und die Zucchinischeiben einstreuen. Etwas Salz zufügen und das feingeschnittene Koriandergrün unterheben. Zugedeckt auf kleiner Flamme in etwa 8 Minuten weich dünsten.

Zucchini in Sahnesauce

Calabacitas con crema

---

500 g kleine Zucchini · 1 rote Chili · 150 ml Sahne

etwa 5 frische Minzblättchen · 2 Gewürznelken

1 TL Pimentkörner · Salz

Die Zucchini ungeschält in Scheiben schneiden. Die Chilischote entkernen und sehr fein zerschneiden. Die Pfefferminzblätter in dünne Streifen schneiden. Die Gewürznelken und die Pimentkörner im Mörser zerstoßen. Die Zucchinischeiben mit den Gewürzen vermischen und salzen. In eine ofenfeste Form geben und mit der Sahne übergießen. Mit Aluminiumfolie abdecken und im 175 °C heißen Ofen etwa 40 Minuten garen.

Gebackene Auberginen

Berenjena al horno

---

1 große, feste Aubergine · 1 Zwiebel · 1 Knoblauchzehe

2 grüne Chillies · 100 g frische Weißbrotkrumen

2 Eier · 125 ml Milch · 1 Prise Kreuzkümmel

100 g Frühstücksspeck in Scheiben · Salz

Die Aubergine schälen, würfeln und in leicht gesalzenem Wasser oder über Dampf weichgaren. Auf einem Sieb abtropfen lassen. Anschließend mit der feingewürfelten Zwiebel, dem zerdrückten Knoblauch, den entkernten, feingeschnittenen Chilischoten und den Weißbrotkrumen vermischen. In eine mit weicher Butter ausgestrichene ofenfeste Form geben.

Die Eier mit der Milch verquirlen und mit einer Prise Kreuzkümmel und Salz abschmecken. Über die Auberginenwürfel gießen und etwa 15 Minuten ruhen lassen. Anschließend mit den Speckscheiben belegen und im 175 °C heißen Ofen etwa 40 Minuten backen.

Wenn man es weniger scharf mag, kann man statt der Chilischoten eine gewürfelte Paprikaschote verwenden und diese zusammen mit den Zwiebelwürfeln und dem Knoblauch in etwas Öl weich dünsten, bevor man sie mit den Auberginenwürfeln vermengt.

Gebackene Süßkartoffeln

Camotes al horno

---

4 Süßkartoffeln · 80 g Butter

1 EL feingeschnittenes Koriandergrün · Salz

frischgemahlener Pfeffer

Die Süßkartoffeln über Dampf weich garen. Unterdessen die Butter cremig rühren, mit Salz und Pfeffer abschmecken und mit dem feingeschnittenen Koriandergrün vermischen.

Die gegarten Süßkartoffeln in eine ofenfeste Form setzen. Jede Kartoffel der Länge nach einschneiden und in die Kerben die Butter verteilen. Im Ofen bei 150 °C backen, bis die Schale knusprig ist.

Man kann die Süßkartoffeln noch auf eine andere Art backen: Man gart sie vor, wie oben beschrieben. Vor dem Backen im Ofen gibt man nur Butter in die Kerben. Anschließend reibt man etwas Muskatnuß darüber, gibt auf jede Süßkartoffel 1 EL flüssigen Honig (möglichst mexikanischen) und schiebt die Kartoffeln ganz kurz unter den Grill.

v. u. n. o. *Tintenfischsalat mit Kaktusblättern, Tomatensuppe*
(Rezepte Seite 136, 54)

Schwarze Bohnen mit Tomaten und grünen Chillies (Rezept Seite 70)

Karotten in Milch
Zanahorias en leche

---

500 g Karotten · 250 ml Milch · 1 TL brauner Rohrzucker

---

1 TL geriebener frischer Ingwer · Salz

---

weiche Butter zum Ausstreichen der Form

Die Karotten mit dem Gurkenhobel in dünne Scheiben schneiden. Mit dem geriebenen Ingwer würzen. In eine mit weicher Butter ausgestrichene ofenfeste Form schichten. Die Milch mit dem Zucker und etwas Salz verrühren und über die Karotten gießen. Die Form mit Aluminiumfolie abdecken und im 175°C heißen Ofen etwa 45 Minuten garen, bis die Karotten die Milch aufgesogen haben und butterweich sind.

Avocados in pikanter Specksauce
Aguacates con tocino

---

2 Avocados · 4 Scheiben Frühstücksspeck

---

10 g Butter · Saft von 1 Zitrone · 2 EL Sojasauce

---

1 gestrichener TL brauner Rohrzucker

---

einige Spritzer Tabasco

Die Avocados schälen, in große Würfel schneiden und in eine Servierschüssel geben. Die Speckscheiben quer in Streifen schneiden und in einer kleinen Pfanne in der Butter kroß braten. Mit einem Schaumlöffel herausheben und auf Küchenpapier entfetten. Das Bratfett mit dem Zitronensaft und der Sojasauce ablöschen. Den Zucker einrühren und kurz aufkochen. Eventuell noch etwas Wasser zufügen. Sofort über die Avocadowürfel gießen, den Speck zerbröckelt darüberstreuen und servieren.

Avocado- und Papayasalat

Ensalada de aguacate y papaya

1 große Avocado · 1 reife Papaya · Saft von 1 Limette
1 TL flüssiger Honig · 4 EL Sonnenblumenöl
einige Tropfen Tabasco · Salz

Die Avocado und die Papaya schälen und in dünne Längsstreifen schneiden. Den Limettensaft mit dem Honig verrühren und mit dem Sonnenblumenöl zu einer Vinaigrette verquirlen. Mit Tabasco und Salz abschmecken. Auf 4 Tellern die Avocado- und Papayascheiben abwechselnd als Fächer anrichten und mit der Vinaigrette überziehen.

Gemüsesalat

Ensalada mixta

In Mexiko ist dieser Salat besonders bei Touristen beliebt, die aus Furcht vor »Montezumas Rache« rohes Gemüse meiden.

½ Blumenkohl · 4 Karotten
125 g Erbsen (tiefgekühlt) · 4 kleine Kartoffeln
FÜR DIE VINAIGRETTE:
8 EL Öl · 4 EL Weinessig · 1 TL milder Senf
1 rohes Eiweiß · 1 Knoblauchzehe · 1 Prise Zucker
Salz · frischgemahlener Pfeffer

Den Blumenkohl in kleine Röschen zerpflücken. Die Karotten würfeln. Die Erbsen auftauen lassen. Das Gemüse getrennt in Salzwasser bißfest garen. Die Kartoffeln weich garen, pellen und würfeln. In einer Schüssel miteinander vermischen.

Für die Vinaigrette alle Zutaten miteinander verquirlen oder im Mixer vermischen. Über das noch lauwarme Gemüse gießen und durchmischen. Zugedeckt mindestens 1 Stunde kühlstellen.

Blumenkohlsalat mit Avocado-Mayonnaise

Ensalada de coliflor

1 kleiner Blumenkohl · 4 EL Sonnenblumenöl
2 EL Obstessig · geriebene Muskatnuß
Salz · frischgemahlener Pfeffer · 4 EL geröstete Pinienkerne
FÜR DIE AVOCADO-MAYONNAISE:
2 reife Avocados · Saft von 1 Zitrone
1 Schalotte · 4 EL Mayonnaise

Den Blumenkohl in Röschen zerteilen und in leicht gesalzenem Wasser bißfest kochen. Anschließend in einem Sieb abtropfen lassen und in einer Schüssel mit etwas geriebener Muskatnuß bestreuen. Aus dem Öl, dem Essig, Salz und frischgemahlenem Pfeffer eine Vinaigrette rühren und diese über den noch warmen Blumenkohl gießen. Vorsichtig durchmischen und zugedeckt abkühlen lassen.

Für die Avocado-Mayonnaise die Avocados schälen. Das Fruchtfleisch mit dem Zitronensaft vermischen und pürieren. Etwa 4 EL Mayonnaise (mehr, wenn die Avocados groß sind) und die sehr feingewürfelte Schalotte einrühren. Mit Salz und frischgemahlenem Pfeffer abschmecken.

Die Blumenkohlröschen wieder zu einem Kopf zusammensetzen und vor dem Servieren mit der Avocado-Mayonnaise überziehen. Mit den gerösteten Pinienkernen bestreuen.

Gurkensalat
Ensalada de pepinos

---

1 große Salatgurke · 1 EL Salz · 4 EL saure Sahne

1 EL Öl · Saft und abgeriebene Schale von ½ Limette

etwas mildes Paprikapulver

Die Gurke schälen und in nicht zu dünne Scheiben schneiden.
Die Gurkenscheiben in ein Abtropfsieb geben und mit Salz bestreuen. Mindestens 30 Minuten ruhen lassen, bis die Scheiben
Saft gezogen haben und weich geworden sind. Anschließend kalt
abspülen, abtropfen lassen und trockentupfen.
Die saure Sahne mit dem Öl, dem Limettensaft und der abgeriebenen Limettenschale verquirlen. Kein Salz mehr zufügen. Den
Gurkensalat in eine Servierschüssel füllen und im Kühlschrank
gut durchkühlen. Vor dem Servieren mit etwas mildem Paprikapulver bestreuen.

Spinatsalat
Ensalada de espinacas

---

200 g entstielter junger Spinat · 2 hartgekochte Eier

1 rote Zwiebel · 2 EL Sesamsaat · 100 ml Vollmilchjoghurt

2 EL Sonnenblumenöl · Saft von ½ Zitrone

1 Prise Zucker · Salz · frischgemahlener Pfeffer

Den Spinat gründlich waschen und in der Salatschleuder trockenschleudern. Die Eier pellen und hacken. Die Zwiebel in kleine Würfel schneiden. Die Sesamsaat in einer Pfanne leicht anrösten.

Für die Sauce den Joghurt mit dem Öl und dem Zitronensaft verquirlen und mit einer Prise Zucker, Salz und frischgemahlenem Pfeffer abschmecken. Den Spinat in einer großen Schüssel mit den gehackten Eiern, den Zwiebelwürfeln und der Sauce vermischen. Zuletzt die geröstete Sesamsaat darüberstreuen. Gut gekühlt servieren.

Mexikanischer Weihnachtssalat
Ensalada de Navidad

Dieser Salat wird in Mexiko traditionsgemäß am Heiligen Abend, der *Nochebuena,* gegessen. Meist werden noch Stücke von geschältem Zuckerrohr und von Jicama zugefügt, einer Knollenfrucht, die bei uns leider nur selten im Handel ist.

2 gekochte Rote Bete · 2 Orangen · 2 Bananen
4 Scheiben Ananas · 2 aromatische Äpfel
1 Granatapfel · 2 EL ungesalzene Erdnüsse
FÜR DIE VINAIGRETTE:
8 EL Olivenöl · Saft von 2 Limetten · 1 TL flüssiger Honig
1 Prise Cayennepfeffer · Salz

Die gekochten Roten Bete sowie die geschälten Orangen und Bananen in Scheiben schneiden. Die Ananas und die Äpfel würfeln. Die Früchte unvermischt nebeneinander in einer flachen Schüssel hübsch anordnen. Für die Vinaigrette alle Zutaten miteinander verquirlen. Den Salat mit der Vinaigrette überziehen und mit den Granatapfelkernen und ungesalzenen Erdnüssen (oder auch Cashewnüssen) verzieren.

Orangensalat

Ensalada de naranjas

4 *Orangen* · 1 *große Gemüsezwiebel*
10—12 *schwarze Oliven* · 6 *EL mildes Olivenöl*
2 *EL Obstessig* · *einige Tropfen Tabasco*
1 *TL Zucker* · *Salz*

Die Orangen schälen und in dünne Scheiben schneiden. Die Gemüsezwiebel in dünne Ringe schneiden und etwa 15 Minuten in kaltes Wasser legen, herausnehmen, abtropfen lassen und trokkentupfen. Orangenscheiben und Zwiebelringe abwechselnd auf eine flache Servierplatte legen und mit den Oliven umstreuen. Die restlichen Zutaten zu einer Vinaigrette verquirlen und diese über den Salat träufeln.

Fleisch und Geflügel

Carnes y aves

In der vorkolumbianischen Zeit ernährten sich die Bewohner Mexikos hauptsächlich von Gemüse und Fischen. Außer Truthähnen, Enten, Wachteln und einer haarlosen Hunderasse hielt man keine Haustiere. Wild war, wie zu jener Zeit auch in Europa, der herrschenden Klasse vorbehalten. Erst die Spanier brachten Hühner, Schweine, Schafe, Ziegen und Rinder gleichsam als Mitgift nach Mexiko. Die altindianischen Würzsaucen aus Chili, Tomaten und Kürbiskernen paßten sich ausgezeichnet den neuen Fleischsorten an. Mit den Schweinen kam auch das Fett und eine neue Zubereitungsart, das Braten in Fett, in die mexikanische Küche. Noch heute wird vor allem in der dörflichen Küche fast ausschließlich Schweineschmalz zum Kochen, Braten und Backen verwendet. Schweinefleisch ist auch in ganz Mexiko das am häufigsten verwendete Fleisch. Lamm- und Ziegenfleisch ist vor allem in Zentralmexiko beliebt. Rindfleisch wird am häufigsten im Norden Mexikos und im amerikanischen Südwesten gegessen. Im Gegensatz zu unserem Mastfleisch und Mastgeflügel, das in wenigen Wochen oder Monaten zur Schlachtreife kommt, werden in Mexiko die Tiere meist später geschlachtet. So wandern zum Beispiel fast nur freilaufende Hühner in den Kochtopf, die schon viele Eier gelegt haben. Ihr Fleisch ist zwar entschieden würziger als das von Mastgeflügel, erfordert aber auch eine andere Garmethode. Es darf einen also nicht verwundern, daß man Fleisch zuerst durch langsames Kochen in Wasser weich gart, bevor man es brät oder in einer würzigen Sauce schmort. Bei den Fleisch- und Geflügelsorten, die wir gewöhnlich in unserer Küche verwenden, ist ein langwieriges Vorgaren nicht mehr erforderlich.

Chili con carne »Tex-Mex«

(Foto Seite 125)

Chili con Carne ist ursprünglich kein mexikanisches Gericht, obwohl es heute auch in Mexiko gern gegessen wird. Es ist eines der bekanntesten texanischen Gerichte, das bereits im vergangenen Jahrhundert von den Cowboys geschätzt wurde. In Texas wird es eine *Schüssel Rotes* (a bowl of red) genannt.

Für 6 Personen:
1 Gemüsezwiebel · 2 Knoblauchzehen · 1 Karotte
1 Stange Staudensellerie · 4 EL Speiseöl
750 g mageres Rinderhackfleisch · 1 EL Mehl
250 g pürierte Tomaten (a. d. Dose) · 250 ml Brühe
1 Lorbeerblatt · 1 TL gemahlener Kreuzkümmel
1 TL Oregano · 1 TL Chilipulver (oder mehr)
400 g gekochte rote Bohnen (a. d. Dose)
1 EL feingeschnittenes Koriandergrün · Salz
frischgemahlener Pfeffer

Die Zwiebel und die Karotte würfeln, die Knoblauchzehen fein hacken und den Staudensellerie in kleine Scheiben schneiden. Das Öl erhitzen und das Rinderhackfleisch darin anbraten. Das Mehl anstäuben. Das Fleisch durchrühren und mit Salz und Pfeffer würzen. Danach das Würzgemüse zufügen und einige Minuten dünsten. Anschließend die pürierten Tomaten einrühren und die Brühe — nach Belieben auch einen kräftigen Rotwein — angießen. Lorbeerblatt, Kreuzkümmel, Oregano und Chilipulver zufügen. Zum Kochen bringen und zugedeckt auf kleiner Flamme etwa 45 Minuten schmoren.

Danach die gekochten Bohnen und etwa 1 EL feingeschnittenes Koriandergrün unterheben und weitere 20 Minuten im offenen Topf auf kleiner Flamme ziehen lassen. Abschmecken und zu Reis oder Stangenbrot servieren. In Texas wird gewöhnlich Bier dazu getrunken.

Mexikanisches Schmorfleisch
Carne con chile

Im Unterschied zum Chili con Carne der Tex-Mex-Küche wird das mexikanische Carne con Chile ohne Bohnen zubereitet. Es ist, ähnlich dem ungarischen Gulasch, ein gut gewürztes Schmorfleisch.

4 getrocknete Ancho-Chillies · 1 Zwiebel
2 Knoblauchzehen · 1 gewürfelte rote Paprikaschote
1 TL Cayennepfeffer · 1 TL gemahlener Kreuzkümmel
1 TL Oregano · 1 Gewürznelke · 50 g Schweineschmalz
750 g mageres Schweinefleisch · 200 ml Brühe (oder Bier)
Salz · frischgemahlener Pfeffer

Die getrockneten Chillies aufschneiden, die Samen und Stiele entfernen. Das Fruchtfleisch mit kochendem Wasser überbrühen und mindestens 30 Minuten einweichen lassen.

Die Zwiebel und die Knoblauchzehen fein zerschneiden und zusammen mit der gewürfelten Paprikaschote, den Gewürzen und den Chillies in 20 g Schweineschmalz weich dünsten. Anschließend mit etwas Einweichwasser der Chillies im Mixer fein pürieren.

Das Fleisch würfeln und im restlichen Schmalz kurz von allen Seiten anbraten. Mit Salz und Pfeffer würzen und das Chilipüree einrühren. Die Brühe — oder das Bier — zugießen und die Fleischwürfel über milder Hitze mindestens eine Stunde schmoren. Dabei gelegentlich umrühren und, falls nötig, etwas Flüssigkeit nachgießen. Das Fleisch muß so weich sein, daß man es mit dem Kochlöffel zerteilen kann. Nach Belieben mit gerösteten Pinienkernen bestreuen und zu Reis servieren.

Statt Schweinefleisch kann man auch Rindfleischwürfel nehmen. Dann sollte man statt Bier einen kräftigen Rotwein verwenden.

T-Bone-Steak auf texanische Art mit gebackenen Bohnen und Krautsalat

(Foto Seite 35)

Zu einer texanischen Grillparty im Freien — dem Barbecue — gehören Steaks, Baked Beans, »Cole Slaw«, in der Folie gebackene Kartoffeln und große Mengen Bier. Barbecues waren schon in den dreißiger Jahren des 19. Jahrhunderts in Texas gang und gäbe. Das Wort stammt aus Haiti, wo es ein Gestell bezeichnet, auf dem Fleisch über einem Feuer getrocknet oder geröstet wurde. Die spanischen Eroberer machten daraus »Barbacoa« und ein Grillessen. So gelangte es über Mexiko nach Texas.

4 T-Bone-Steaks, 4 cm dick geschnitten
1 Knoblauchzehe · 3 EL Olivenöl · 1 TL Tabasco
Salz · frischgemahlener Pfeffer
GEBACKENE BOHNEN (BAKED BEANS):
500 g gekochte Kidneybohnen (a. d. Dose) · 1 Fleischtomate
2 EL Zwiebelwürfel · 8 EL Tomatenketchup
1 TL Senfpulver oder ½ TL Cayennepfeffer
1 TL brauner Rohrzucker · 1 TL Apfelessig
150 g magerer Räucherspeck in Scheiben
KRAUTSALAT (COLE SLAW):
½ Weißkohl (ca. 400 g) · 2 Karotten · 5 EL Mayonnaise
5 EL saure Sahne · 1 TL Worcestershire-Sauce

Zuerst die gebackenen Bohnen zubereiten. Dazu die Bohnen aus der Dose abspülen und abtropfen lassen. Die Tomate überbrühen, abziehen und die Kerne ausdrücken. Das Fruchtfleisch in kleine Würfel schneiden. Mit den Zwiebelwürfeln, dem Tomatenketchup, dem Senfpulver, dem Zucker und dem Apfelessig vermengen. Die Bohnen unterheben. Mit Salz und Pfeffer abschmecken.

Den Boden einer Kasserolle mit der Hälfte der Speckscheiben auslegen. Die gewürzten Bohnen einfüllen und mit den restlichen Speckscheiben belegen. Die Kasserolle mit Aluminiumfolie abdecken. Die Bohnen im 180 °C heißen Ofen etwa 1¼ Stunden backen, dabei nach 45 Minuten die Aluminiumfolie entfernen. Die Bohnen können warm, aber auch kalt serviert werden.

Für den Krautsalat den Kohlkopf vierteln, den Strunk herausschneiden und den Kohl in feine Streifen hobeln. Die geputzten Karotten in feine Streifen schneiden und mit den Kohlstreifen vermengen.

Für die Marinade die Mayonnaise mit der sauren Sahne verrühren. Mit einer Prise Flüssigkeit, einem Spritzer Worcestershire-Sauce, Salz und reichlich frischgemahlenem Pfeffer abschmecken.

Den Krautsalat mit der Marinade vermischen und zugedeckt 30 Minuten im Kühlschrank ziehen lassen.

Die Steaks mit einer halbierten Knoblauchzehe einreiben und mit dem mit etwas Tabasco verrührten Olivenöl von beiden Seiten bestreichen. Mindestens 30 Minuten ruhen lassen. Anschließend von jeder Seite 8 Minuten »medium« grillen. Mit Salz und Pfeffer würzen und mit in der Folie gebackenen Kartoffeln, gebackenen Bohnen und Krautsalat servieren.

Sloppy Joe
(Foto Seite 35)

Diese Tex-Mex-Spezialität scheint in den sechziger Jahren von jemandem erfunden worden zu sein, der mit den derben Hamburgern unzufrieden war. Ohne Zweifel sind diese »schlabberigen« Joes entschieden würziger und saftiger. Zusammen mit einem Salat ergeben sie ein leichtes Mittag- oder Abendessen.

500 g mageres Rinderhackfleisch · 2 EL Speiseöl
1 EL Mehl · 1 Zwiebel · 4 Stangen Staudensellerie
1 grüne Chili · 100 ml Rinderbrühe (oder Wasser)
4 EL Tomatenketchup · Salz · frischgemahlener Pfeffer
Zwiebelringe als Garnitur

Das Hackfleisch in heißem Öl scharf anbraten. Mit Salz und Pfeffer würzen, das Mehl darüberstäuben und durchrühren. Die gewürfelte Zwiebel, den geputzten, in dünne Scheiben geschnittenen Staudensellerie und die entkernte, feingehackte Chilischote einrühren und einige Minuten dünsten. Danach die Brühe zugießen, den Tomatenketchup einrühren und mit Salz und Pfeffer ab-

schmecken. Zum Kochen bringen und auf kleiner Flamme etwa
30 Minuten kochen lassen, dabei öfter umrühren und eventuell
noch etwas Flüssigkeit zufügen.

Halbierte Brötchen mit der abgekühlten Fleischmasse belegen
und mit Zwiebelringen und etwas Ketchup garnieren.

Gefüllte Paprikaschoten
mit Walnußsauce

Chiles rellenos en nogada

(Foto Seite 107)

4 große grüne Paprikaschoten
3 EL Speiseöl · 400 g mageres Rinderhackfleisch · 1 Zwiebel
1 Knoblauchzehe · 1 TL Tomatenmark · 1 rote Chili
1 gewürfelter Apfel (Golden Delicious)
1 gewürfelter Pfirsich oder Nektarine (nach Belieben)
50 g Sultaninen · 50 g Cashewnüsse · Salz
frischgemahlener Pfeffer
FÜR DIE SAUCE:
100 g grobgehackte Walnußkerne
100 ml Milch · 10 g Butter · 1 kleine Zwiebel
2 TL Mehl · 100 ml saure Sahne · 100 ml Vollmilchjoghurt
Salz · Pfeffer · 1 Prise Zimt · 1 Granatapfel
gezupftes Koriandergrün

Die Paprikaschoten waschen, den Deckel abschneiden und den
Samenstand entfernen. In heißem Öl die feingewürfelte Zwiebel
und den Knoblauch andünsten. Das Tomatenmark sowie das Rinderhackfleisch einrühren und kurz anbraten. Die feingeschnittene

Chilischote, die Apfelwürfel, nach Belieben auch noch Pfirsich-
oder Nektarinenwürfel, die Sultaninen und die grobgehackten
Cashewnüsse unterheben. Mit Salz und Pfeffer würzen und etwa
10 Minuten auf kleiner Flamme schmoren.

Die Paprikaschoten mit der Mischung füllen, in einen Dämpfeinsatz setzen und über Dampf weich garen.

Für die Nußsauce die Walnüsse einige Zeit in Milch einweichen.
In der Butter die feingewürfelte Zwiebel glasig dünsten. Das Mehl
einstreuen und die Einweichmilch der Nüsse zugießen. Zu einer
hellen Mehlsauce verkochen. Die gehackten Walnüsse und die
saure Sahne einrühren. Jetzt kann man die Sauce mit dem Pürierstab fein pürieren, falls man sie nicht »kernig« vorzieht. Nach dem
Abkühlen den Joghurt einrühren und die Sauce mit Salz, Pfeffer
und etwas Zimt abschmecken. Nach Belieben kann die Sauce, wie
es in Mexiko oft gemacht wird, noch mit einer Prise Zucker abge-
schmeckt werden.

Die Paprikaschoten mit der Walnußsauce umgießen. Die Sauce
mit den roten Granatapfelkernen und einigen Korianderblättchen
bestreuen. Die Paprikaschoten können heiß, aber auch kalt serviert werden. Die Sauce wird stets kalt dazu gereicht.

Fleischklöße in Tomatensauce

Albóndigas con jitomates

Jede Region hat ihr eigenes Rezept für Albóndigas. Hier hebt man
kleingewürfelte Zucchini, dort feingehackte Oliven unter die
Fleischmasse. Man bindet die Sauce mit gemahlenen Mandeln
oder macht sie mehr oder weniger »picante«. Im Norden Mexikos
und im Südwesten der Vereinigten Staaten sind diese Fleischklöße,
in einer fruchtigen Tomatensauce und zu Reis serviert, besonders
beliebt.

250 g mageres Rinderhackfleisch · 250 g Schweinehackfleisch
1 Scheibe Weißbrot · 1 Zwiebel · 1 Ei · ½ TL Kreuzkümmel
2 EL Mehl · 3 EL Öl · 15 g Butter · Salz
frischgemahlener Pfeffer
FÜR DIE SAUCE:
1 rote Chili · ½ rote Paprikaschote · 1 Zwiebel
1 Knoblauchzehe · 2 große Fleischtomaten · 150 ml Brühe
1 Prise Zucker · 1 EL feingeschnittenes Koriandergrün

Das Rinder- und Schweinehackfleisch mit dem in etwas heißer Milch eingeweichten und gut ausgedrückten Weißbrot, der feingewürfelten Zwiebel und dem verquirlten Ei vermischen. Mit dem gemahlenen Kreuzkümmel, Salz und Pfeffer würzen. Aus der Masse 8 runde Klöße formen und diese in etwas Mehl wälzen. In der heißen Öl-Butter-Mischung rundum kurz anbräunen. Aus der Pfanne heben und warmhalten.

Die entkernte Chilischote sowie die halbe Paprikaschote zerschneiden. Zusammen mit der gewürfelten Zwiebel und der zerdrückten Knoblauchzehe im Bratfett der Fleischklöße anschwitzen. Die geschälten und grob zerschnittenen Tomaten zufügen und etwa 5 Minuten dünsten. Danach die Brühe einrühren. Die Sauce mit dem Pürierstab pürieren und aufkochen. Mit Salz, Pfeffer und einer Prise Zucker abschmecken.

Die Fleischklöße in die Sauce einlegen und auf kleiner Flamme, halb zugedeckt, in ungefähr 20 Minuten garziehen lassen. Kurz vor Ende der Kochzeit das Koriandergrün unterheben.

Marinierte Rindfleischstreifen vom Grill

Fajitas

Fajitas sind ein volkstümliches Grill-Gericht aus der Tex-Mex-Küche. Wie das mexikanische Gericht »Ropa vieja« wurden diese Fleischstreifen ursprünglich aus einem preiswerten Stück Rindfleisch geschnitten, der Dünnung (Bauchlappen — Faja heißt Bauchbinde), jedoch nicht lange geschmort, sondern durch Marinieren zart und mürbe gemacht. Noch vor gar nicht langer Zeit war es ein typisches Gericht der kleinen Bars im Südwesten der Vereinigten Staaten, heute findet man es auch auf Speisekarten teurer kalifornischer Restaurants — dann aber aus besserem Rindfleisch. Rouladenfleisch eignet sich vorzüglich für Fajitas, wenn man nicht teures Rumpsteak dafür verwenden möchte.

4 Rinderrouladen zu je 200 g · 4 EL Olivenöl
250 ml kräftiger Rotwein · Saft von 1 Limette
2 feingehackte Knoblauchzehen · 1 feingehackte Chilischote
1 EL feingeschnittenes Koriandergrün · Salz
frischgemahlener Pfeffer

Die Fleischscheiben leicht klopfen und in 10 cm lange Streifen schneiden. Für die Marinade das Olivenöl mit dem Rotwein, dem Limettensaft, dem Knoblauch, der Chilischote und dem Koriandergrün verrühren. Die Fleischstreifen darin mindestens 6 Stunden, am besten aber über Nacht, marinieren, dabei mehrmals wenden. Danach auf dem Grill braten. Mit Salz und frischgemahlenem Pfeffer bestreuen und mit Weizenmehl-Tortillas (Rezept Seite 32), Guacamole (Rezept Seite 23) und Salaten servieren.

v. u. n. o. *Rote Paprikaschoten, mit Frischkäse gefüllt, Gefüllte Paprikaschoten mit Walnußsauce, Huhn in pikanter Schokoladensauce* (Rezepte Seite 73, 103, 131)

Geschmorte Zwiebeln und milde Chillies (Rezept Seite 74)

Geschmorte Rindfleischstreifen
mit Chillies

Ropa vieja

»Alte Kleider« ist die wörtliche Übersetzung von Ropa vieja, wohl weil das Fleisch zerfasert ist wie alte Lumpen. Trotz der drastischen Bezeichnung schmeckt dieses einfache Gericht ausgezeichnet. Auch kann man preiswertes Fleisch dazu nehmen wie etwa die Dünnung (Bauchlappen vom Rind). In manchen Gegenden Mexikos bereitet man Ropa vieja auch aus Schweinefleisch. Man kann Schweineschulter dafür nehmen. Beim Gebrauch eines Schnellkochtopfes verkürzt sich die Zubereitungszeit erheblich. Das Einkochen der Sauce muß jedoch im offenen Topf erfolgen.

1 kg Rinderschmorbraten · 500 ml Wasser
5 Knoblauchzehen · 1 TL Pfefferkörner · 2 Lorbeerblätter
1 große Gemüsezwiebel · 2 grüne Paprikaschoten
2 grüne Chillies · 3 EL Öl
1 TL gemahlener Kreuzkümmel · Salz

Das Fleisch in einen Topf mit dicht schließendem Deckel legen. Das Wasser angießen und 2 geschälte Knoblauchzehen, die Pfefferkörner, die Lorbeerblätter und etwas Salz zufügen. Den Deckel auflegen und alles zum Kochen bringen. Auf kleiner Flamme etwa 2 Stunden sieden lassen, bis das Fleisch so weich ist, daß man es mit zwei Gabeln zerfasern kann. Das Fleisch im Sud abkühlen lassen. Anschließend herausheben und nicht zerschneiden, sondern mit den Fingern oder zwei Gabeln in Streifen reißen. Den Sud entfetten und das in Streifen gerissene Fleisch wieder hineinlegen. Unterdessen die Zwiebel schälen, halbieren und in Streifen schneiden. Die Paprikaschoten halbieren, den Stielansatz und den Samenstand entfernen. Das Fruchtfleisch in etwa 1 cm breite Längsstreifen schneiden. Die Chilischoten aufschlitzen und die Samen und weißen Rippen herauskratzen. Die Chillies ebenso wie die restlichen 3 Knoblauchzehen fein zerschneiden.

Das Öl erhitzen und darin die Zwiebelstreifen und den Knoblauch glasig dünsten. Die Paprikastreifen, die Chillies sowie den gemahlenen Kreuzkümmel und eine Prise Salz zufügen. Unter ständigem Rühren etwa 5 Minuten dünsten. Danach das Gemüse unter das Fleisch heben und im offenen Topf weitere 10 Minuten auf mittlerer Flamme kochen lassen, bis der Sud um mindestens die Hälfte reduziert ist. Nochmals abschmecken und zu Weißem Reis (Rezept Seite 62) oder Weizenmehl-Tortillas (Rezept Seite 32) servieren.

Rumpsteak, wie man es in Jalisco ißt

Bistec de Jalisco

4 Rumpsteaks · 4 EL Öl · Saft von 1 Orange
Saft von ½ Zitrone · Salz · frischgemahlener schwarzer Pfeffer
1 EL feingeschnittenes Koriandergrün · 1 Orange als Garnitur

Den Fettrand der Rumpsteaks mehrmals einschneiden, damit sich das Fleisch beim Braten nicht wellt. Das Öl mit dem Orangen- und Zitronensaft verquirlen. Mit reichlich frischgemahlenem Pfeffer würzen. Das feingeschnittene Koriandergrün unterheben. Die Marinade in eine Glasschale gießen und die Steaks darin wenden. Zugedeckt mindestens 6 Stunden in den Kühlschrank stellen. Vor dem Grillen Raumtemperatur annehmen lassen.

Die Steaks aus der Marinade heben und abtropfen lassen. Auf dem vorgeheizten Grill von jeder Seite 2—3 Minuten grillen, dabei mehrmals mit der Marinade bestreichen. Die Steaks salzen, auf eine vorgewärmte Platte legen und einige Minuten ruhen lassen.

Inzwischen die Orange in dünne Scheiben schneiden und die Scheiben in einer Pfanne in der restlichen Marinade erhitzen. Die Steaks mit den Orangenscheiben umlegen und servieren.

Steaks mit Paprikastreifen und Käse

Bistec con chiles y queso

4 Filetsteaks · 4 EL Öl · 1 Gemüsezwiebel
2 grüne Paprikaschoten · 1–2 EL süßer Sherry
4 Scheiben Mozzarella · Salz
frischgemahlener schwarzer Pfeffer
Paprikapulver zum Bestäuben

Die Steaks kalt abspülen und trockentupfen. In heißem Öl von jeder Seite knapp eine Minute anbräunen. Salzen, pfeffern, aus der Pfanne nehmen und warm halten.

Im gleichen Fett die in Ringe geschnittene Gemüsezwiebel und die in Streifen geschnittenen Paprikaschoten weichdünsten. Mit Salz und Pfeffer würzen. Nach Belieben 1–2 EL süßen Sherry einrühren und die Flüssigkeit einkochen lassen.

Die Steaks auf eine ofenfeste Servierplatte setzen, mit den Zwiebelringen und Paprikascheiben dick belegen und darauf je eine Mozzarellascheibe geben. Unter dem heißen Grill den Käse schmelzen lassen. Mit etwas Paprikapulver bestäuben und servieren.

Schmetterlings-Steaks

Carne asada

---

4 Filetsteaks · Saft und abgeriebene Schale von 2 Limetten

Salz · frischgemahlener schwarzer Pfeffer

Die Steaks vom Metzger waagerecht so durchschneiden lassen, daß sie an einer Seite noch zusammenhängen.

Die Steaks waschen, gut trockentupfen, auseinanderklappen und flach drücken. Auf beiden Seiten mit Limettensaft beträufeln und mit der abgeriebenen Limettenschale bestreuen. Mit Salz und frischgemahlenem Pfeffer würzen und etwa eine halbe Stunde ruhen lassen. Anschließend in einer leicht gefetteten Grillpfanne von jeder Seite etwa 1–2 Minuten grillen. Die Kartoffeln mit Knoblauch (Rezept Seite 75) und Rajas con crema (Rezept Seite 76) schmecken dazu ausgezeichnet.

Beefsteaks in Erdnußsauce

Bisteces con cacahuate

---

4 Rindersteaks (Huftsteaks) · 3 EL Öl

1 Scheibe altbackenes Weißbrot · 100 ml Rinderbrühe

2 Fleischtomaten · 100 g Erdnüsse

2 in Essig eingelegte Chipotle-Chillies oder Jalapeño-Chillies

1 Gemüsezwiebel · 2 Knoblauchzehen

1 kleiner Thymianzweig · 1 reife Avocado · Salz

Das Öl in einer Pfanne erhitzen. Darin die Weißbrotscheibe kurz anrösten, herausnehmen, auf Küchenpapier entfetten und in Stücke brechen. Zusammen mit der Brühe, den geschälten und grob zerschnittenen Fleischtomaten, den Erdnüssen und den Chillies im Mixer pürieren. Mit Salz abschmecken.

In der gleichen Pfanne die Steaks kurz von beiden Seiten anbraten. Anschließend die in Ringe geschnittene Gemüsezwiebel, die feingehackten Knoblauchzehen und den Thymianzweig zufügen, salzen und einige Minuten dünsten. Die Erdnußsauce einrühren und aufkochen lassen. Auf kleiner Flamme das Fleisch weich schmoren. Die Steaks mit der Sauce überziehen und mit der in dünne Spalten geschnittenen Avocado belegen. Dazu Weizentortillas servieren.

Rinderzunge in Orangensauce
Lengua en naranja

1 Rinderzunge von etwa 1 kg · 1 Lorbeerblatt
1 Gewürznelke · 4 Schalotten · 2 Knoblauchzehen
2 EL Öl · 50 g Butter · 1 EL Mehl
125 ml Zungenbrühe · 100 ml Weißwein
Saft von 2–3 Orangen · 1 EL mittelscharfer Senf
1 Prise Zucker · 1 Prise gemahlener Zimt
Salz · frischgemahlener schwarzer Pfeffer

Die Zunge kalt aufsetzen, erhitzen und abgießen. In frischem Wasser erneut zum Kochen bringen und in etwa 2 Stunden auf kleiner Flamme weich garen (im Schnellkochtopf etwa 40 Minuten). Im Sud abkühlen lassen. Noch warm häuten und das Fett und die Knorpel wegschneiden. Die Brühe durch ein Sieb gießen und die Zunge wieder einlegen. Jetzt erst Salz, Lorbeerblatt, Gewürznelke und 1 Knoblauchzehe zufügen. Nochmals aufkochen und die Zunge im Sud ziehen lassen.

Die feingewürfelten Schalotten mit der restlichen zerdrückten Knoblauchzehe in Öl und der Hälfte der Butter glasig dünsten. Das Mehl anstäuben, hell anschwitzen und mit der Zungenbrühe und dem Orangensaft ablöschen. Unter ständigem Rühren etwa 10 Minuten auf kleiner Flamme kochen lassen. Den Wein zugießen und die Sauce etwas einkochen lassen. Danach den Senf einrühren und die Sauce mit Salz, Pfeffer, etwas Zucker und einer Prise Zimt abschmecken.

Die Zunge schräg in Scheiben schneiden, in der Sauce erhitzen, aber nicht mehr kochen lassen. Die restliche Butter in kleinen Flocken in die Sauce einrühren. Nach Belieben eine kleingewürfelte Orange darüber streuen. Weißen Reis (Rezept Seite 62) dazu reichen.

Kalbsnieren mit Limetten
Riñones con limón

600 g Kalbsnieren · 3 EL Öl · 30 g Butter
1 kleine Knoblauchzehe · 1 kleines Glas süßer Sherry
Saft und abgeriebene Schale von 1 Limette
100 ml Crème fraîche · 1 kleine reife Avocado
1 EL feingeschnittenes Koriandergrün · Salz
frischgemahlener Pfeffer

Die Kalbsnieren häuten, längs halbieren und alle weißen Adern entfernen. Die Nieren gründlich abspülen, trockentupfen und in Scheiben schneiden. In der heißen Öl-Butter-Mischung etwa 6 Minuten braten. Mit Salz und frischgemahlenem Pfeffer würzen, herausheben und warm halten.

Den Bratensatz entfetten, mit dem Sherry ablöschen und die durch die Knoblauchpresse gedrückte Knoblauchzehe hineingeben. Die

Flüssigkeit um die Hälfte einkochen lassen. Anschließend die Crème fraîche, den Limettensaft und die in feine Streifen geschnittene Limettenschale einrühren und etwas einkochen lassen. Danach die Nierenscheiben, die in kleine Würfel geschnittene Avocado und das feingeschnittene Koriandergrün unterheben. Nochmals abschmecken und zu Weißem Reis (Rezept Seite 62) servieren.

Schmorfleisch mit Kichererbsen
»Albuquerque«
Chicos

Dieses Gericht ist in Neu-Mexiko sehr beliebt. Es ähnelt sehr dem texanischen Chili con carne. Doch anstelle der Bohnen werden Kichererbsen verwendet. Diese heißen hier »Chicos«, eine teils spanische, teils englische Bezeichnung, die vom englischen »chickpea« (Kichererbse) abgeleitet ist.

500 g mageres Schweinefleisch · 4 EL Öl
1 Gemüsezwiebel · 1 Knoblauchzehe
2 Stangen Staudensellerie · 1 Karotte
2 rote Chillies oder 1 EL Chilipulver · 1 TL Oregano
250 g Kichererbsen (a. d. Dose) · Salz
frischgemahlener Pfeffer

Das Fleisch würfeln, mit Salz und frischgemahlenem Pfeffer würzen. In einem Schmortopf von allen Seiten in heißem Öl anbräunen. Die gewürfelte Zwiebel, den geputzten und in kleine Scheiben geschnittenen Staudensellerie sowie die in Scheiben geschnittene Karotte zufügen. Die entkernten und zerkleinerten Chilischoten oder das Chilipulver sowie den Oregano einstreuen. Unter Rühren einige Minuten andünsten.

Die Kichererbsen aus der Dose auf ein Sieb schütten. Gründlich unter fließendem kalten Wasser abspülen, abtropfen lassen und unter das Fleisch heben. Etwas Wasser oder Brühe zugießen, abschmecken und zugedeckt weich schmoren.

Schmorbraten vom Lamm

Birria

Für eine traditionelle Birria wird ein ganzes Lamm oder Zicklein mit Würzpaste bestrichen, in Bananen- oder Agavenblätter gewickelt und in einer mit heißen Steinen ausgelegten Grube, im »Pib«, gegart. Heute werden meist nur Fleischstücke vom Lamm oder Zicklein in einem mit einem Teigrand dicht verschlossenen Topf oder im Dampfdrucktopf im eigenen Saft weich gegart. Aber auch im Bratbeutel kann man diese Art von Gericht gut zubereiten.

2 entbeinte Lammschultern · 4 Fleischtomaten
1 Gemüsezwiebel · 1 TL Oregano
Salz · frischgemahlener schwarzer Pfeffer
FÜR DIE WÜRZPASTE:
4 EL Ancho-Chilipüree (Rezept Seite 16)
4 EL Tomatenmark · 6 Knoblauchzehen · 2 Gewürznelken
¹⁄₂ TL Kreuzkümmel · ¹⁄₂ TL Zimt
¹⁄₂ TL Cayennepfeffer · 1 Prise Zucker · 1 EL Obstessig
Saft und abgeriebene Schale von 1 Limette

Für die Würzpaste die Knoblauchzehen durchpressen, die Gewürznelken und den Kreuzkümmel im Mörser zerstoßen. Alle

Zutaten zu einer streichfähigen Paste verrühren. Das Fleisch salzen und mit der Würzpaste von allen Seiten bestreichen. Zugedeckt im Kühlschrank über Nacht ruhen lassen.

Anschließend das Fleisch ohne Zugabe von Flüssigkeit in einen großen Bratbeutel auf einen kleinen Bratrost (damit das Fleisch nicht im Saft siedet) geben. Im 150 °C heißen Backofen etwa 3 Stunden garen (langes Garen bei niedrigen Temperaturen ergibt besonders saftiges Fleisch). Die Tomaten halbieren und die letzten 40 Minuten in einer ofenfesten Schale neben dem Fleisch im Backofen braten.

Das gegarte Fleisch aus dem Bratbeutel nehmen und zugedeckt warm halten. Den Bratensaft aus dem Beutel in einen Topf gießen, die weichgegarten Tomaten einrühren und kurz aufkochen. Anschließend mit dem Pürierstab pürieren und mit Salz und frischgemahlenem Pfeffer abschmecken. Die Gemüsezwiebel in kleine Würfel schneiden und in einer kleinen Schüssel mit dem Oregano vermengen.

Das Fleisch in Scheiben schneiden, mit der Sauce überziehen, mit den Zwiebelwürfelchen bestreuen und mit heißen Tortillas servieren.

Schweinelende in Guavensauce

Lomo en guayaba

Ursprünglich stammt die Guave, eine oval bis rundliche Frucht in der Größe eines kleinen Apfels, aus den Tropengebieten Mittelamerikas. Dort lernten die Spanier und Portugiesen sie schon im frühen 16. Jahrhundert kennen und schätzen und brachten sie nach Südindien und auf die Philippinen. Heute ist der Guavenbaum in allen tropischen und subtropischen Gebieten verbreitet. Wir bekommen Guaven aus Mexiko, Brasilien, Südafrika und Israel. Die Frucht ist überaus reich an Vitamin C und erinnert im Geschmack etwas an unsere heimischen Quitten.

750 g Schweinelende · 2 EL Öl · 8 Guaven
250 ml frisch gepreßter Orangensaft · 1 EL süßer Senf
4 EL Crème fraîche · 1 gestrichener TL Speisestärke
Salz · frischgemahlener Pfeffer

Die Schweinelende mit Salz und frischgemahlenem Pfeffer würzen. Im heißen Öl von allen Seiten anbraten. Vom Feuer nehmen und ruhen lassen.

Unterdessen die Guaven dünn schälen. Fünf Früchte in dünne Scheiben schneiden, dabei eventuell vorhandene Kerne entfernen und bereithalten. Die restlichen drei Guaven grob zerschneiden. Zusammen mit dem Orangensaft, dem süßen Senf und der Crème fraîche im Mixer oder mit dem Pürierstab des Handrührgeräts pürieren. (Statt süßem Senf kann man auch einen mittelscharfen Senf und etwas Zucker nach Geschmack nehmen.) Mit einer Prise Salz abschmecken.

Das Fleisch in Scheiben schneiden und in eine ofenfeste Schale legen. Mit Salz und frischgemahlenem Pfeffer würzen. Mit den Guavenscheiben umlegen und mit dem Püree übergießen. Mit Aluminiumfolie abdecken und im 180 °C heißen Ofen 30—35 Minuten garen. Auf die gleiche Art kann man auch mild geräuchertes Kasseler zubereiten.

Schweinekoteletts mit Pilzen

Chuletas con hongos

4 Schweinekoteletts · 2 EL Öl · 20 g Butter
250 g Champignons · 1 große Gemüsezwiebel
150 ml saure Sahne · 1 Prise gemahlener Kreuzkümmel
1 Prise Cayennepfeffer · Salz

Die Koteletts mit Salz, Kreuzkümmel und Cayennepfeffer würzen. In der heißen Öl-Butter-Mischung von jeder Seite etwa 5 Minuten anbraten. Herausheben und warm halten.
Im gleichen Fett die gewaschenen und in Scheiben geschnittenen Pilze anbraten. Danach die in Ringe geschnittene Zwiebel zufügen und bei reduzierter Hitze glasig dünsten. Anschließend die saure Sahne einrühren. Die Koteletts wieder in die Pfanne legen und zugedeckt auf kleiner Flamme weich schmoren.

Adobo-Koteletts

Chuletas adobadas

4 Schweinekoteletts, 2 cm dick geschnitten
4 EL Adobo-Paste (Rezept Seite 18) · 4 Lorbeerblätter
Fett zum Braten
Koriandergrün, saure Sahne und rote Chilisauce (Rezept Seite 20) als Garnitur

Die Koteletts flach drücken, dick mit der Adobo-Paste bestreichen und mit je einem Lorbeerblatt belegen. In eine Glasschüssel geben und zugedeckt über Nacht in den Kühlschrank stellen.

Anschließend Raumtemperatur annehmen lassen und in heißem Fett kurz von beiden Seiten anbräunen. Danach zugedeckt weich garen. Nach Belieben mit roter Salsa und einem Löffel saurer Sahne überziehen und mit etwas gezupftem Koriandergrün bestreuen. Mit Reis auf mexikanische Art servieren (Rezept Seite 64).

Adobo-Schmorfleisch

Puerco adobado

1 kg mageres Schweinefleisch · 4 EL Öl
½ TL getrockneter Majoran · 1 TL Pimentkörner
2 Gewürznelken · ½ TL Kreuzkümmel
½ TL Zimt · 1 Prise Cayennepfeffer · 1 Prise Zucker
4 Knoblauchzehen · 2 EL Ancho-Chilipüree (Rezept Seite 16)
2 EL Weinessig · 150 ml Brühe oder Wasser
2 Lorbeerblätter · Salz

Das Fleisch würfeln, salzen und im heißen Öl kurz anbräunen, herausnehmen und warm halten.
Die Gewürze — Majoran, Piment, Gewürznelken, Kreuzkümmel — im Mörser oder im Universalzerkleinerer fein zerstoßen. Mit je einer Prise Cayennepfeffer und Zucker, dem durchgepreßten Knoblauch, der Chilipaste, dem Weinessig und der Brühe verrühren. Damit den Bratenfond ablöschen. Unter Rühren zum Kochen bringen. Die Fleischwürfel wieder zufügen und auf kleiner Flamme weich schmoren. Falls nötig, noch etwas Brühe oder Wasser zugießen. Das Schmorfleisch nochmals abschmecken und nach Belieben mit geschmorten Zwiebelringen belegen. Statt Schweinefleisch kann man auch Lammfleisch verwenden.

Chorizo

Der beste Chorizo, so heißt es, kommt aus Toluca. Dorthin wurden von Cortez aus Spanien die ersten Schweine gebracht, die dort prächtig gediehen. Im Gegensatz zum spanischen Chorizo ist die mexikanische Wurst jedoch kräftiger gewürzt und oft nicht geräuchert. Vor der Verwendung nimmt man die Wurstmasse aus dem Wurstdarm und brät sie an. Damit werden dann Eierspeisen und Eintöpfe gewürzt, Tacos und Tortillas gefüllt. Da sie bei uns nur schwer zu bekommen ist, muß man sie selber machen, was aber ganz einfach ist.

---

500 g Schweinehackfleisch · 2–3 Knoblauchzehen

2 TL Korianderkörner · 1 TL Kreuzkümmel · 1 TL Oregano

2–3 EL Paprikapulver (edelsüß) · ¼ TL Cayennepfeffer

1 EL Weinessig · 2 EL Tequila · Salz

Das nicht zu fette Hackfleisch mit den durchgepreßten Knoblauchzehen, den zerstoßenen Korianderkörnern sowie den restlichen Zutaten gründlich vermischen und mit Salz abschmecken. Zugedeckt im Kühlschrank über Nacht ruhen lassen. Danach zerbröckeln und in wenig Öl oder Schweineschmalz über mittlerer Hitze braten. Die Wurstmasse muß vom milden Paprikapulver kräftig rot gefärbt sein, damit sie beim Braten nicht grau wird. Sie läßt sich roh, aber auch gebraten einfrieren.

Chorizo mit Rühreiern
Chorizo con huevos revueltos

---

200 g Chorizo · 20 g Butter · 1 grüne Chili · 8 Eier

Salz · frischgemahlener schwarzer Pfeffer

In einer Pfanne die Wurstmasse in heißer Butter über nicht zu starker Hitze braten. Die entkernte, in dünne Ringe geschnittene Chilischote zufügen und die Hitze reduzieren. Die Eier verquirlen, mit Salz und frischgemahlenem Pfeffer würzen, in die Pfanne gießen und so lange rühren, bis sie gestockt sind. Mit Weizen-Tortillas servieren.

Hühner- und Schweinefleischragout mit Chillies und Früchten
Mancha manteles

»Tischtuchbekleckser« nennt man in Mexiko dieses Ragout, und Spritzern seiner fruchtigen rötlichen Sauce ist sicher schon manches frische Tischtuch zum Opfer gefallen. Von diesem Ragout gibt es verschiedene Varianten. Man kann es ausschließlich mit Huhn oder nur mit Schweinefleisch zubereiten. Verwendet man preiswertes Fleisch, kann man es vor dem Anbraten, wie es in Mexiko üblich ist, in siedendem Wasser mit Zwiebeln und Lorbeerblatt gar ziehen lassen. Die Sauce läßt sich mit Erdnüssen oder Mandeln binden. Man kann Jicamas, die es bei uns leider selten gibt, Süßkartoffeln, Äpfel und Birnen, auf jeden Fall jedoch Ananas und Bananen hineinschneiden und es mit Weißem Reis (Rezept Seite 62) oder Weizen-Tortillas servieren. Doch immer muß reichlich Sauce dabei sein.

500 g Schweinefilet · 2 große ausgelöste Hühnerbrüste

1 EL Mehl · 2 EL Öl · 15 g Butter

FÜR DIE SAUCE:

50 g geschälte Mandeln · 1 EL Sesamsaat

1 Zwiebel · 2 Knoblauchzehen · ½ rote Paprika

1 rote Chili · 1 Dose geschälte Tomaten

1 TL brauner Rohrzucker · 1 TL Chilipulver · ½ TL Zimt

2 Gewürznelken · 1 Lorbeerblatt

1 gewürfelter Apfel (Golden Delicious)

2 Scheiben Ananas · 1 feste Banane · Salz

frischgemahlener Pfeffer

Das Fleisch in gleich große Würfel schneiden. Mit Pfeffer und Salz würzen, mit Mehl bestäuben und in einem Schmortopf in der Öl-Butter-Mischung anbräunen. Die Fleischwürfel herausnehmen und bereithalten.

Für die Sauce die Mandeln und die Sesamsaat im gleichen Fett kurz anrösten. Die gewürfelte Zwiebel, den Knoblauch, den zerschnittenen Paprika sowie die entkernte Chilischote zufügen und andünsten. Anschließend die grob zerschnittenen Tomaten und ihren Saft einrühren. Den Zucker, das Chilipulver, den Zimt, die Nelken sowie etwas Salz zufügen und 10—15 Minuten auf kleiner Flamme kochen lassen. Danach mit dem Pürierstab oder im Mixer pürieren.

Die Fleischwürfel unter die Sauce heben. Das Lorbeerblatt, die Apfelwürfel und die zerschnittenen Ananasscheiben zufügen. Zugedeckt etwa 20 Minuten auf kleiner Flamme schmoren. Erst zwei Minuten vor dem Anrichten die in Scheiben geschnittene Banane unterheben, damit sie nicht zermust.

Hühnchen mit Koriander

Pollo con cilantro

4 Hühnerbrüstchen (ohne Haut und Knochen)
2 EL Öl · 1 EL Butter · 2 feingehackte Knoblauchzehen
2 EL gezupftes Koriandergrün · 1 Glas Sherry
abgeriebene Schale von 1 Limette
Salz · frischgemahlener schwarzer Pfeffer
4 Limettenschnitze als Garnitur

Die Hühnerfilets quer in je 3 breite Streifen schneiden. Mit der geriebenen Limettenschale, Salz und frischgemahlenem Pfeffer einreiben und etwa 15 Minuten ruhen lassen.

In einer Pfanne das Öl und die Butter erhitzen. Den gehackten Knoblauch einstreuen und die gewürzten Hühnerfiletstreifen einlegen. Über mittlerer Hitze von jeder Seite etwa 4 Minuten braten. Danach die Korianderblättchen einstreuen. Das Fleisch darin wenden, herausnehmen und warm halten. Den Bratenfond mit dem Sherry ablöschen, um etwa ein Drittel einkochen lassen. Abschmecken und als Sauce zu den Filetstreifen servieren.

Chili con Carne Tex-Mex (Rezept Seite 98)

Huhn in Kürbiskernsauce

Pollo en pipián verde

Saucen aus Kürbiskernen und Chilischoten haben in Mexiko eine jahrhundertealte Tradition. Schon Montezuma bewirtete die spanischen Eroberer mit Schmorfleisch in einer Sauce aus Chillies und Kürbiskernen. Die Nonnen von Pueblo paßten dann später diese Sauce mit verschiedenen Kräutern und Gewürzen wie Zimt und Nelken dem spanischen Geschmack an. Noch heute ißt man sie zu Huhn, Truthahn oder Ente, aber auch zu gewürfeltem Schweinefleisch oder gekochtem Gemüse.

1 Poularde von etwa 1,5 kg · 1 EL Mehl
1 TL Chilipulver · ¼ TL Zimt · 1 TL Salz · 2 EL Öl
25 g Butter · 125 g geschälte Kürbiskerne (Reformhaus)
4 Schalotten · 2 Knoblauchzehen
1 gewürfelte grüne Paprikaschote
2–3 Tomatillos a. d. Dose (falls vorhanden)
250 ml Hühnerbrühe
etwas frisches Koriandergrün (ersatzweise glattblättrige Petersilie)
Salz · frischgemahlener schwarzer Pfeffer

Die Poularde waschen, trockentupfen und in 8 Stücke zerteilen. (Aus den Innereien, Hals und Flügelspitzen eine Brühe kochen und für die Sauce verwenden.) Das Mehl mit dem Chilipulver, dem Zimt und dem Salz vermischen und die Poulardenstücke damit einreiben. In der heißen Öl-Butter-Mischung in etwa 20 bis 30 Minuten goldbraun anbraten. Aus der Pfanne heben und warm halten.

Im Bratfett die Kürbiskerne über reduzierter Hitze rösten. Nicht verbrennen lassen! Mit einem Schaumlöffel herausnehmen und bereithalten. Die gewürfelten Schalotten, die kleingeschnittenen

Knoblauchzehen, die zerkleinerte Paprikaschote und, falls vorhanden, die Tomatillos im gleichen Fett andünsten. Die Hühnerbrühe zugießen und alles auf kleiner Flamme etwa 10 Minuten kochen lassen. Anschließend abschmecken und das zerschnittene Koriandergrün unterheben. Die gerösteten Kürbiskerne zufügen und die Sauce im Mixer oder mit dem Pürierstab des Handrührgeräts pürieren.

Die Poulardenstücke in eine feuerfeste Form legen und mit der Kürbiskernsauce übergießen. Im Ofen oder auf der Herdplatte erhitzen. Nicht mehr kochen lassen, sonst wird die Sauce grießig und muß noch einmal püriert werden.

Entenbrust in Mangosauce

Pato con salsa de mango

Enten und Truthähne waren das einzige Hausgeflügel, das die Azteken vor der spanischen Eroberung kannten. Das Geflügel wurde nicht gebraten, sondern in Gewürzsaucen aus Chillies, Tomaten und Kürbiskernen gegart. Erst mit den Spaniern kam das Braten in Fett auf, denn diese führten das Öl und die Schweine und damit das Schweineschmalz ein.

4 Entenbrustfilets · 1 Prise Oregano · 1 EL Öl
20 g Butter · Salz · frischgemahlener schwarzer Pfeffer
FÜR DIE SAUCE:
2 Mangos · 2 Schalotten · 1 rote Chili · 1 EL Speiseöl
Saft von 2 Limetten · abgeriebene Schale von 1 Limette
1 Prise Zucker

Für die Sauce die Mangos schälen und in kleine Würfel schneiden. Die Schalotten und die entkernte Chilischote fein zerschneiden. In Öl dünsten, bis die Schalottenwürfel glasig sind, vom Feuer nehmen. Die Hälfte der Mangowürfel einrühren. Durch ein Sieb streichen oder mit dem Pürierstab pürieren. Den Limettensaft und die abgeriebene Schale einrühren. Mit etwas Zucker, Salz und frischgemahlenem Pfeffer abschmecken und die restlichen Mangowürfel unterheben. Einige Zeit ziehen lassen.

Die Entenfilets mit etwas Oregano, Salz und Pfeffer würzen. In der heißen Butter-Öl-Mischung zuerst von der Hautseite etwa 6 Minuten, danach über leicht reduzierter Hitze von der Fleischseite nochmals 8 Minuten braten. Vom Feuer nehmen und 5 Minuten warmgestellt ruhen lassen. Anschließend schräg in Scheiben schneiden und die Mangosauce getrennt dazu servieren.

Brathähnchen mit Orangensauce

Pollo asado con salsa de naranja

In Mexiko verwendet man für die Sauce mit Vorliebe Bitterorangen. Diese gibt es bei uns nur im zeitigen Frühjahr für eine sehr begrenzte Zeit. Um diesen typischen Geschmack annähernd zu erreichen, schmecke ich die Sauce mit englischer Bitterorangenmarmelade ab.

Es ist ein Festtagsgericht, dem man seine Herkunft aus der spanischen Kolonialzeit noch anmerkt.

1 Brathähnchen von etwa 1,5 kg · 4 EL Öl
30 g Butter · 1 EL Weinessig · 2 EL Sherry (nach Belieben)
125 ml Hühnerbrühe · 125 ml frisch gepreßter Orangensaft
1 TL Speisestärke
1 EL abgeriebene Schale von unbehandelten Orangen
1 EL Bitterorangenmarmelade oder brauner Zucker
Salz · Cayennepfeffer · Orangenscheiben als Garnitur

Das Hähnchen waschen, trockentupfen und in 4 Teile zerschneiden. Die Hähnchenteile mit Salz und Cayennepfeffer einreiben und in der heißen Öl-Butter-Mischung goldbraun braten. Aus der Pfanne nehmen, in eine vorgewärmte Schüssel legen und warm halten.

Überschüssiges Fett aus der Pfanne gießen. Den Bratensatz mit Essig und, nach Belieben, mit etwas Sherry ablöschen. Die Brühe zugießen und die Flüssigkeit auf etwa die Hälfte einkochen lassen. Den frisch gepreßten Orangensaft mit der Speisestärke verquirlen und einrühren. Die Sauce aufkochen lassen und die Bitterorangenmarmelade einrühren. Mit Salz und frischgemahlenem Pfeffer abschmecken. Nach Belieben 1 EL feingeschnittenes Koriandergrün oder frische Minze einrühren.

Das gebratene Hähnchen mit der Sauce überziehen, mit Orangenscheiben umlegen und servieren.

Im Bananenblatt gebackenes Hühnchen

Pollo pibil

In Yucatan wurde in Bananen- und Agavenblätter gewickeltes Fleisch traditionsgemäß auf heißen Steinen in Erdgruben gebakken. In diesem Ofen, dem Pib, garte man Spanferkel, Truthähne, Hühner und eine besondere Art von Maismehlpastete. Statt in Pib und Bananenblättern kann man bei uns die gleichen Geflügelgerichte jedoch auch in Aluminiumfolie oder Bratfolie im Backofen garen.

4 große Poulardenschenkel · Saft von 1 Orange
Saft und Schale von 1 Limette · 2 EL Tomatenmark
4 Knoblauchzehen · 1 EL Paprikapulver
1 gestrichener TL Cayennepfeffer
1 TL gemahlener Kreuzkümmel · 1 Gemüsezwiebel · Salz
Aluminiumfolie zum Einwickeln der Poulardenschenkel
FÜR DIE SALSA:
4 Schalotten · 1 rote Chili
Saft von 1 Orange und ¼ Grapefruit
1 TL feingeschnittenes Koriandergrün
1 Prise Zucker · Salz

Die Poulardenschenkel waschen, trockentupfen und mit einer Gabel mehrmals einstechen.

Den Orangen- und Limettensaft mit dem Tomatenmark, den zerdrückten Knoblauchzehen, den Gewürzen und 1 TL Salz zu einer Paste verrühren. Damit die Poulardenschenkel von allen Seiten einreiben. Zugedeckt über Nacht im Kühlschrank ruhen lassen.

Anschließend aus Aluminiumfolie 4 rechteckige Stücke schneiden, die groß genug zum Einwickeln der Schenkel sind. Die in dünne Ringe geschnittene Zwiebel darauf verteilen und jeweils einen Poulardenschenkel darauflegen und zum Päckchen falten. Im 200 °C heißen Ofen etwa 1 Stunde garen.

Für die Salsa die Schalotten und die entkernte Chilischote sehr fein würfeln. Mit dem Orangen- und Grapefruitsaft verrühren, mit Salz und einer Prise Zucker abschmecken und das feingeschnittene Koriandergrün unterheben. Bei Zimmertemperatur einige Zeit ziehen lassen.

Die Poulardenschenkel in der geöffneten Folie servieren und die Salsa getrennt dazu reichen.

Huhn in pikanter Schokoladensauce

Mole poblano de pollo

(Foto Seite 107)

Mit Truthahn zubereitet, wird dieses Gericht zu »Mole poblano de guajolote«, dem mexikanischen Nationalgericht. Es wird an Festtagen serviert und geht auf ein altes indianisches Gericht aus der Zeit vor der Entdeckung Amerikas zurück. Es wurde im 17. Jahrhundert von den Nonnen des Santa Rosa-Klosters in Pueblo wieder aufgegriffen und abgewandelt.

1 Poularde von etwa 2 kg · 4 EL Speiseöl
2 TL Tomatenmark · 1 TL Cayennepfeffer · 1 Msp Zimt
1 TL Salz · 500 ml Hühnerbrühe
FÜR DIE SAUCE:
1 kleine Zwiebel · 1 Knoblauchzehe
1 EL Speiseöl oder Schweineschmalz
4EL Ancho-Chilipüree (Rezept Seite 16)
50 g geschälte Mandeln · 50 g Erdnüsse
1 Scheibe entrindetes Weißbrot oder 1 Tortilla · ¼ feste Banane
1 Prise gemahlene Gewürznelken · 1 TL Zimt
50 g dunkle Schokolade · Salz · Cayennepfeffer
4 EL geröstete Sesamsamen

Das Huhn waschen und trockentupfen. Das Öl mit dem Tomatenmark und den Gewürzen verrühren. Das Brathuhn mit dieser Mischung innen und außen einreiben, in die Saftpfanne des Backofens legen und bei 200 °C etwa 50 Minuten garen. Nach etwa 25 Minuten die Hälfte der Brühe, den Rest nach und nach, angießen. Das Huhn warm halten. Den Bratenfond entfetten und für die Sauce verwenden.

Inzwischen die gewürfelte Zwiebel mit der zerdrückten Knoblauchzehe in Öl glasig dünsten. Das Ancho-Chilipüree einrühren und kurz über milder Hitze andünsten. Danach zusammen mit den Mandeln, den Erdnüssen, der Weißbrotscheibe oder der zerschnittenen Tortilla und der Banane im Mixer pürieren. Eventuell etwas Wasser oder Brühe zufügen. Mit Nelkenpulver und Zimt würzen. Die Paste mit dem entfetteten Bratenfond verrühren und erhitzen. Vom Feuer nehmen und die zerschnittene Schokolade darin schmelzen. Die Sauce glattrühren und mit Salz und Cayennepfeffer abschmecken. Das Huhn mit der Sauce überziehen und nach Belieben mit den gerösteten Sesamsamen bestreuen. Statt im ganzen, kann man das Huhn auch in Portionsstücke braten und die Stücke anschließend in der Sauce ziehen lassen.

Fische und Meeresfrüchte

Pescados y mariscos

Mexiko mit seinen ungemein langen Küsten von fast 10 000 Kilometern verfügt über einen großen Fischreichtum. Die Vielfalt der Fische versetzt den Besucher immer wieder in Erstaunen: Farbenprächtige Zackenbarsche mit festem, köstlichem Fleisch, Schnapper und Pompanos, Ziegelfische und Schwertfische, um nur einige zu nennen, kann man auf den Märkten der Küstenorte bewundern. Meist werden die Fische auf ganz einfache Weise zubereitet. Sie werden gegrillt oder gebraten oder in Ausbackteig getaucht und in Öl fritiert, wie die berühmten Weißfische aus dem Patzcuara-See, und mit verschiedenen Salsas serviert. Aber auch Muscheln und Meeresschnecken aller Art, Austern, Krebse, Hummer und Garnelen findet man in den Küstenorten zur Genüge. Übrigens aß, wie der Chronist berichtet, schon der Aztekenfürst Montezuma gern Garnelen, die für ihn von Läufern von der Küste geholt wurden.

Garnelen-Cocktail

Coctel de camarones

250 g abgekochte, ausgelöste Garnelen (Shrimps)
2 große, reife Avocados
Saft und abgeriebene Schale von 1 Limette
1 Knoblauchzehe · 4 EL Mayonnaise
einige Spritzer Tabasco · Salz · frischgemahlener Pfeffer
einige Salatblätter · ½ rote Chili
etwas gezupftes Koriandergrün und ½ rote Chili als Garnitur

Die Avocados halbieren und das Fruchtfleisch mit einem Löffel auslösen. Im Mixer zusammen mit dem ausgepreßten Saft und der Schale der Limette, der durchgepreßten Knoblauchzehe und der Mayonnaise zu einer glatten Creme vermischen. Mit Salz und frischgemahlenem Pfeffer würzen und mit einigen Spritzern Tabasco pikant abschmecken. Die Salatblätter in dünne Streifen und die Chilischote in dünne Ringe schneiden.

Glasschälchen oder Stielgläser mit den Salatstreifen auslegen. Darüber schichtweise Garnelen und Avocadocreme geben. Die oberste Schicht soll Avocadocreme sein, die mit gezupften Korianderblättchen und dünnen Chili-Ringen bestreut wird.

Marinierter Fisch

Ceviche

Ceviche wird immer auf die gleiche Art zubereitet. Fangfrischer Fisch wird in Limettensaft eingelegt, bis das Fleisch glasig ist. Aber die Würzzutaten wechseln. Man kann den marinierten Fisch mit

Kapern oder mit Oliven, mit Oregano oder Koriandergrün, mit Knoblauch oder Zwiebeln, mit Tomaten- oder Paprikawürfeln vermischen und ihn mit Avocadowürfeln oder leicht gerösteter Sesamsaat bestreuen. Jedoch immer soll grüner Chili dabei sein. In Mexiko werden häufig Makrelen mariniert. Sie sind allerdings mühsam zu entgräten und zermusen leicht.

---

500 g fangfrisches, weißfleischiges Fischfilet
(Kabeljau, Seebarsch)

Saft von 5 Limetten · 2 grüne Chillies · 2 Lauchzwiebeln

---

2 EL feingeschnittenes Koriandergrün

5—6 EL mildes Olivenöl · 4 EL feingewürfelte Tomaten

---

1 kleine reife Avocado · Salz

Den Fisch kalt abspülen und trockentupfen. In dünne Streifen oder in etwa 1,5 cm große Würfel schneiden und in eine Glasschüssel legen. Mit dem Limettensaft übergießen und darin wenden. Zugedeckt mehrere Stunden im Kühlschrank marinieren, bis der Fisch vom Limettensaft gleichsam gegart und glasig ist. Mehrmals in der Marinade wenden.

Anschließend die Marinade in eine kleine Schlüssel abgießen, mit dem Olivenöl verquirlen und mit Salz abschmecken. Den Fisch mit den entkernten, ganz feingehackten Chilischoten, mit den feingeschnittenen Lauchzwiebeln und dem Koriandergrün vermischen. Mit der Sauce übergießen und nochmals etwa 1 Stunde im Kühlschrank ziehen lassen. Etwa 10 Minuten vor dem Servieren aus dem Kühlschrank nehmen und die Tomaten- und Avocadowürfel unterheben. Mit Tortillachips oder auf Salatstreifen in Tacos servieren. In Mexiko reicht man gern Salz-Cracker dazu.

Statt Fisch kann man auch 8 frisch aus den Schalen gebrochene Jakobsmuscheln nehmen und diese vor dem Marinieren waagerecht in je 3 Scheiben schneiden.

Tintenfischsalat mit Kaktusblättern

Calamares y nopalitos en ensalada

(Foto Seite 89)

Kaktusblätter in Konserven sind bei uns im Spezialitätenhandel erhältlich.

Für 6—8 Personen:

---

500 g kleine Tintenfische · 2 EL Olivenöl

---

1 Knoblauchzehe · 1 Glas trockener Weißwein

---

500 g Kaktusblätter in Streifen (a. d. Dose) · 2 rote Zwiebeln

---

1—2 rote Chillies · Saft von 2 Zitronen · 6 EL Olivenöl

---

3 EL feingeschnittenes Koriandergrün · Salz

---

frischgemahlener schwarzer Pfeffer

Die Tintenfische vom Fischhändler küchenfertig vorbereiten lassen. Anschließend waschen und in dünne Ringe schneiden. Zusammen mit dem feingehackten Knoblauch in Öl kurz andünsten. Salzen, pfeffern und mit dem Wein ablöschen. Zugedeckt in etwa 20 Minuten weich schmoren. Herausheben und mit den abgetropften Kaktusblätterstreifen in einer Schüssel vermengen. Den Schmorsaft auf 1—2 Eßlöffel einkochen lassen.

Die geschälten Zwiebeln in dünne Ringe schneiden. Die Chillies längs aufschlitzen, die Kerne entfernen und die Schoten in dünne Scheiben schneiden. Den Zitronensaft mit dem reduzierten Schmorsaft und dem Olivenöl verrühren und mit Salz und Pfeffer abschmecken.

Alles Zutaten miteinander vermischen. Zuletzt das geschnittene Koriandergrün unterheben. Den Salat zugedeckt einige Zeit kühl stellen.

Rotbarsch in Orangensauce

Pescado en naranja

Dieses Gericht erinnert an eine spanische Fischsuppe aus Cadiz, an *Caldo de perro gaditano*. Auch sie ist mit Knoblauch, Zwiebeln und dem Saft von Bitterorangen gewürzt. In Mexiko wird oft der Rote Schnapper (Huachinango) in Orangensaft gedünstet, und zwar als ganzer Fisch. Der Fisch, der ihm in Europa am nächsten kommt, ist die Goldbrasse (Dorade). Doch auch einfacher Rotbarsch eignet sich dafür.

---

800 g Rotbarschfilet · Saft von 1 Limette

4 Schalotten · 40 g Butter · 2 Lorbeerblätter

125 ml frisch gepreßter Orangensaft · 1 Orange

10 schwarze Oliven · Salz · frischgemahlener schwarzer Pfeffer

---

Das Fischfilet in 4 gleichmäßige Stücke teilen. Mit dem Limettensaft beträufeln und mit Salz und frischgemahlenem Pfeffer bestreuen.

Die Schalotten in kleine Würfel schneiden und in 20 Gramm Butter glasig dünsten. Die Schalotten samt ihrer Bratbutter in eine ofenfeste Form geben. Darauf die Lorbeerblätter und darüber die gewürzten Filets legen. Die restliche Butter in kleinen Flocken darauf verteilen. Den Orangensaft angießen. Die Form mit Aluminiumfolie abdecken und bei Mittelhitze im Ofen garen.

Unterdessen die Orange schälen und in dünne Scheiben schneiden. Die entkernten Oliven längs halbieren. Nach etwa 20 Minuten die Aluminiumfolie entfernen. Den Fisch mit den Orangenscheiben belegen und mit den Oliven umstreuen. Nochmals für etwa 6 Minuten in den Ofen geben. In der Form servieren.

Fisch à la Veracruz

Pescado a la Veracruzana

(Foto Seite 143)

Zu diesem klassischen mexikanischen Fischgericht kann man statt eines ganzen Fisches — in Veracruz nimmt man den Roten Schnapper — auch Fischfilets verwenden. Diese sind zwar nicht so spektakulär, aber genauso köstlich. Sie werden ebenso mariniert, sollten jedoch auf dem Ofen in der Pfanne gebraten werden. Die Sauce wird getrennt dazu gereicht.

1 Rotbarsch von ca. 1½ kg
Saft und abgeriebene Schale von 2 Limetten
4 Knoblauchzehen · 4 EL Speiseöl
1 gestrichener TL Salz · 20 g Butter
Für die Sauce:
1 kg vollreife Tomaten · 1 Gemüsezwiebel
2 Knoblauchzehen · 3 EL Speiseöl · 1 frische Chili
2 Lorbeerblätter · 1 TL Oregano · 2 EL Kapern
10 grüne, gefüllte Oliven
1 Bund Koriandergrün (ersatzweise Petersilie)
Salz · frischgemahlener Pfeffer

Den Fisch ausnehmen und schuppen, aber Kopf und Schwanz nicht entfernen. Den Fisch waschen, trockentupfen und auf beiden Seiten mehrmals mit einer Gabel einstechen.

Den Limettensaft mit der abgeriebenen Limettenschale, den durch die Knoblauchpresse getriebenen Knoblauchzehen, dem Öl und etwas Salz zu einer Marinade verrühren. Damit den Fisch innen und außen kräftig einreiben und ihn zugedeckt etwa 1 Stunde kühl stellen.

Inzwischen für die Sauce die Tomaten überbrühen, abziehen, halbieren und die Kerne ausdrücken. Das Fruchtfleisch zerschneiden. Die Gemüsezwiebel fein würfeln und zusammen mit den durchgepreßten Knoblauchzehen in Öl glasig dünsten. Danach die Tomaten einrühren und die entkernte, fein zerschnittene Chilischote, die Lorbeerblätter, den Oregano, die Kapern sowie Salz und Pfeffer zufügen. Unter öfterem Rühren etwa 20 Minuten kochen lassen. Anschließend etwa die Hälfte des feingeschnittenen Koriandergrüns einrühren.

Den Fisch in einen mit weicher Butter ausgestrichenen Bräter legen und ihn auf der Herdplatte bei mittlerer Hitze von jeder Seite etwa 8 Minuten anbraten. Danach mit der heißen Sauce übergießen, mit den in Scheiben geschnittenen Oliven bestreuen und im 175 °C heißen Ofen 20–30 Minuten backen.

Vor dem Servieren mit dem restlichen Koriandergrün bestreuen und zu Weißem Reis (Rezept Seite 62) oder heißen Weizenmehl-Tortillas (Rezept Seite 32) servieren.

Schollenfilets mit Knoblauchbutter

Pescado al ajillo

600 g Schollenfilets · Saft und abgeriebene Schale von 1 Limette
4 Knoblauchzehen · 3 EL grobgemahlene Mandeln
einige Spritzer Tabasco · 80 g Butter · Salz
frischgemahlener Pfeffer

Die Schollenfilets kalt abspülen und trockentupfen. Mit dem Limettensaft beträufeln und mit der geriebenen Limettenschale bestreuen. Etwa 15 Minuten ruhen lassen. Anschließend in 40 g Butter von beiden Seiten je 3 Minuten braten. Herausnehmen und auf eine vorgewärmte Servierplatte legen.

Für die Sauce die restliche Butter in der gleichen Pfanne auf-
schäumen lassen. Sofort die Hitze reduzieren und die möglichst
frischgemahlenen Mandeln und die in dünne Scheibchen geschnittenen Knoblauchzehen einstreuen. Über mittlerer Hitze
unter ständigem Rühren hell rösten. Nicht verbrennen lassen. Mit
einer Prise Salz und einigen Spritzern Tabasco würzen. Die Filets
mit der Sauce überziehen und sofort servieren. Auf die gleiche Art
lassen sich Seezungenfilets oder Seeteufelmedaillons zubereiten.

Fischragout in grüner Chilisauce
Pescado en salsa verde

In Campeche bereitet man den Pompano, der wohl einer der besten Speisefische überhaupt ist, nicht als Ragout, sondern als ganzen Fisch auf diese Art zu. Doch auch ein Ragout von Rotbarsch
schmeckt echt mexikanisch.

500 g Rotbarschfilet · Saft von 2 Limetten
2 EL Öl · 20 g Butter · 2 Zwiebeln · 1 Knoblauchzehe
1 grüne Paprikaschote · 2 grüne Chillies
4 Tomatillos (a. d. Dose) · 150 ml Rinderbrühe
je 1 EL feingeschnittenes Koriandergrün und Petersilie
4 EL Crème fraîche · Salz

Das Rotbarschfilet in Würfel schneiden. In eine Glasschüssel legen, salzen und mit dem Limettensaft beträufeln. Zugedeckt
mindestens 30 Minuten im Kühlschrank ruhen lassen, dabei einige Male in der Marinade wenden.
Unterdessen die gewürfelten Zwiebeln zusammen mit der zerdrückten Knoblauchzehe in der Öl-Butter-Mischung glasig dünsten. Die kleingeschnittene Paprikaschote sowie die entkernten

und zerschnittenen Chilischoten (oder eingelegte Jalapeño-Chillies a. d. Dose) zufügen und einige Minuten dünsten. Die Tomatillos grob zerschneiden und einrühren. Etwas kräftige Rinderbrühe zugießen, sie ist gehaltvoller als ein Fischfond. Die Sauce auf kleiner Flamme 10 Minuten kochen lassen. Anschließend mit dem Pürierstab pürieren. Das Koriandergrün sowie die feingeschnittene Petersilie unterheben und abschmecken.

Die Fischwürfel aus der Marinade nehmen und unter die heiße Sauce heben. Die Marinade zugießen. Zum Kochen bringen und auf kleiner Flamme etwa 6 Minuten garen. Das Ragout auf 4 Teller verteilen und je 1 EL Crème fraîche (oder saure Sahne) darüber geben.

Chili-Fisch

Pescado con chile

4 Scheiben Heilbutt · 2 EL Öl · ½ TL Tabasco
125 g geraspelter Käse (Emmentaler) · Salz
frischgemahlener Pfeffer
FÜR DIE SAUCE:
2 Fleischtomaten · 2 rote Paprikaschoten
1 Zwiebel · 1 Knoblauchzehe
1 gestrichener EL Chilipulver (oder 1 Chili)
1 Prise Kreuzkümmel · 1 TL brauner Rohrzucker

Den Heilbutt kalt abspülen und trockentupfen. Das Öl mit dem Tabasco verrühren. Den Fisch salzen und mit dem gewürzten Öl von beiden Seiten bestreichen. In einer beschichteten Pfanne von beiden Seiten kurz anbräunen. Herausheben, in eine ofenfeste Form legen und bereithalten.

Für die Sauce die Fleischtomate überbrühen, kalt abschrecken und schälen. Halbieren, die Kerne ausdrücken und das Fruchtfleisch würfeln. Die Paprikaschoten halbieren, Samenstand und Stielansatz entfernen und das Fruchtfleisch kleinschneiden. Die Zwiebel würfeln, den Knoblauch durch die Knoblauchpresse drücken. Das Gemüse in die Pfanne, in der der Fisch gebraten wurde, geben und mit Salz, dem Chilipulver, dem gemahlenen Kreuzkümmel und dem Rohrzucker würzen. Etwa 8 Minuten dünsten. Anschließend mit dem Pürierstab oder im Mixer pürieren.

Die Fischscheiben mit der Sauce überziehen und mit dem geraspelten Käse bestreuen. Die Form mit Aluminiumfolie bedecken und im 175°C heißen Ofen backen, bis der Käse geschmolzen ist.

Auf diese Art kann man auch Scheiben von Thunfisch zubereiten, aber ebensogut ganze Fische wie etwa Rotbarsch oder Schellfisch.

Fisch à la Veracruz (Rezept Seite 138)

Nachspeisen und Gebäck

Postres y panes

Die Nachspeisen und bunten Süßigkeiten haben in Mexiko eine lange Tradition. Schon die Mayas und Azteken aßen Fruchtpasten und mit Früchten gefüllte Maisklößchen, und sie tranken mit Honig gesüßte Getränke aus tropischen Früchten. Der Aztekenfürst Montezuma ließ sich von Läufern Schnee aus den Bergen holen, der für ihn mit Früchten zu Fruchteis vermischt wurde. Die große Vielfalt der mexikanischen Nachspeisen und Süßigkeiten hat jedoch ihren Ursprung in den Küchen der Nonnenklöster. Die spanischen Nonnen der Kolonialzeit brachten Weizenmehl, Hühnereier, Rohrzucker, Milch und Sahne, die Gewürze Anis, Muskatnuß, Nelken und Zimt und ihre Vorliebe für Nüsse, Mandeln und Rosinen mit. Doch bald verwendeten sie in ihren Rezepten auch die Produkte, die sie in Mexiko vorfanden.

Brotpudding

Capirotada

Ursprünglich war der Brotpudding ein Fastengericht. Heute ist er eine beliebte Nachspeise, von der es in jeder Region eine andere Version gibt. So können etwa die Äpfel fortfallen und statt der Mandeln und Nüsse kann man auch ungesalzene Erdnüsse verwenden.

4 Brötchen (vom Vortag) oder Weißbrotscheiben
40 g Butter · 250 g Frischkäse oder milder gewürfelter Butterkäse
75 g geschälte Mandeln · 75 g Pecan- oder Walnüsse
2 Äpfel · 150 g Rosinen · Butter zum Fetten der Auflaufform
FÜR DEN ZIMTSIRUP:
250 ml Wasser · 150 g brauner Rohrzucker
1 EL Honig oder Ahornsirup · 1 Zimtstange
2 Nelken · 1 Stück Orangenschale

Für den Sirup in einem kleinen Topf das Wasser mit dem Zucker und dem Honig vermischen und die Gewürze zufügen. Zu einem dünnflüssigen Sirup verkochen. Die Gewürze entfernen und den Sirup abkühlen lassen.

Das Weißbrot oder die Brötchen würfeln und in der Butter hell anrösten. Den Käse zerbröckeln. Die Mandeln und die Nüsse kurz anrösten und hacken. Die Äpfel schälen, vierteln, das Kerngehäuse entfernen und die Viertel in dünne Scheiben schneiden.

Eine Auflaufform mit weicher Butter ausstreichen. Eine Schicht Brotwürfel einfüllen. Die Hälfte des Käses, der Apfelscheiben, der Rosinen und der Nüsse darüber schichten. Mit der Hälfte des Zimtsirups beträufeln. Die restlichen Brotwürfel, den Käse, die Nüsse, Mandeln und Rosinen jeweils in Schichten darüber legen. Mit den restlichen Apfelscheiben bedecken und mit dem Zimtsirup übergießen.

Die Form mit Aluminiumfolie abdecken und im 180 °C heißen Ofen 20 Minuten backen. Herausnehmen, etwa 20 Minuten abkühlen lassen und lauwarm mit Schlagsahne servieren.

Gebackene Bananen

Plátanos al horno

Auf die gleiche Art kann man auch Kürbiswürfel zubereiten. Dazu nimmt man erntefrischen, orangefleischigen Kürbis und streut zwischen die Würfel noch einige Gewürznelken, bevor man sie in den Ofen gibt.

4 Bananen · 4 EL brauner Rohrzucker · 1 TL Zimt
Saft von 2 Orangen · 4 EL geschlagene Sahne
20 g Butter für die Form

Eine rechteckige flache Auflaufform mit der weichen Butter ausstreichen. Die Bananen schälen, längs halbieren und in die Form legen. Mit dem mit Zimt vermischten braunen Zucker bestreuen und mit Orangen beträufeln.

Im 180 °C heißen Ofen etwa 20–30 Minuten backen, bis der Zucker geschmolzen ist. Heiß mit einer Sahnehaube servieren oder mit etwas Rum flambieren.

Milchreis

Arroz con leche

Zu diesem Reispudding darf weder Rundkornreis, der zu weich
wird, noch »parboiled« Reis, der zu körnig bleibt, verwendet werden. Hebt man unter den Reis noch 3 EL leicht geröstete Pinienkerne oder Mandelblätter und steifgeschlagenes Eiweiß, dann
wird er zum »arroz de fiesta«.

200 g Langkornreis · 1 Zimtstange · 350 ml Wasser
1 Prise Salz · 2 Eigelb · 6 EL Zucker
1 Päckchen Vanillezucker · 500 ml heiße Milch
50 g Korinthen · Zimt und Zucker zum Bestreuen

Den Reis zusammen mit der Zimtstange im leicht gesalzenen
Wasser zum Kochen bringen. Etwa 10 Minuten auf kleiner Flamme
kochen lassen, bis der Reis das Wasser aufgesogen hat. Die Zimtstange entfernen.
Inzwischen die beiden Eigelb mit dem Zucker verrühren und die
heiße Milch langsam zugießen. Mit einer Gabel die Eiermilch und
die gewaschenen Korinthen unter den Reis heben. Unter vorsich-
tigem Rühren über milder Hitze weitergaren, bis der Reis weich,
aber noch saftig ist. Vor dem Servieren mit Zimtzucker bestreuen.

Mokka-Karamelcreme

Flan de café

In Mexiko wird statt Milch gewöhnlich gezuckerte Kondensmilch verwendet, was einen gehaltvolleren, festeren Flan ergibt. Dies ist die leichtere Variante.

125 g Rohrzucker · 2 EL starker Kaffee · 500 ml Milch
½ Vanilleschote · 2 TL löslicher Kaffee · 4 Eier
2 Eigelb · 6 EL Zucker · ½ TL Zimt

Den Zucker in einer Kasserolle mit starkem Boden erhitzen. Wenn er anfängt zu karamelisieren, vorsichtig den Kaffee zugießen und so lange rühren, bis sich der Zucker vollständig gelöst hat. Den Karamelsirup in eine feuerfeste, leicht geölte Form von etwa 25 cm Durchmesser und 4 cm Höhe gießen. Die Form vorsichtig schwenken, bis der Boden vollständig und die Seiten etwa ½ cm hoch mit dem Karamel überzogen sind.

Die Milch mit der aufgeschlitzten Vanilleschote aufkochen, vom Feuer nehmen und den löslichen Kaffee einrühren. Die Eier mit dem Zucker und dem Zimt cremig, jedoch nicht schaumig rühren und den heißen Milchkaffee langsam zugießen. Die Eiermilch in die mit Karamel ausgekleidete Form gießen und in ein heißes Wasserbad setzen. Im 180 °C heißen Ofen etwa 30 Minuten garen.

Nach dem Abkühlen den Flan einige Stunden in den Kühlschrank stellen, am besten über Nacht. Danach auf eine Platte stürzen und servieren. Den flüssigen Karamel in der Form kann man noch mit etwas Kaffeelikör verrühren und über den Flan gießen.

Mangocreme

Dulce de mango

Das heiße Klima Mexikos zwingt dazu, statt frischer Milch und Sahne häufig Kondensmilch zu verwenden. In unseren kühleren Breiten kann man jedoch auch frische Sahne und Milch verwenden.

---

2 reife Mangos · Saft von ½ Limette oder Zitrone

1 Dose Kondensmilch oder 250 ml Sahne · 4 EL Zucker

2 EL Rum · 1 TL abgeriebene Limetten- oder Zitronenschale

Die Mangos schälen und den Kern entfernen. Das Fruchtfleisch mit der Kondensmilch, dem Zucker und dem Rum im Mixer pürieren. Verwendet man Sahne, wird sie steifgeschlagen und zuletzt unter das gesüßte Püree gehoben. Mit der abgeriebenen Limettenschale bestreuen und gut gekühlt servieren.

Avocadoschaum

Crema de aguacate

---

2 große reife Avocados · 1 Limette · 4 EL Puderzucker

3 EL Rum · 4 EL geschlagene Sahne · 2 EL gehackte Pistazien

Die Avocados halbieren, den Kern entfernen und das Fruchtfleisch mit einem Löffel aus der Schale heben. Zusammen mit dem ausgepreßten Limettensaft, dem Puderzucker und dem Rum im Mixer pürieren. Zuletzt die Sahne unterheben. In Stielgläser füllen und mit den Pistazien bestreuen. Der Avocadoschaum soll erst kurz vor dem Servieren zubereitet werden, damit er sich nicht bei längerem Stehen verfärbt.

Cajeta

Cajeta de leche

Für die Bereitung dieser Süßspeise braucht man Geduld, denn beim Einkochen muß die gesüßte Milch fast eine Stunde ständig beobachtet und mit einem Holzlöffel gerührt werden. Der Name *Cajeta* bedeutet Schächtelchen, denn in Spanschachteln wurden früher ähnliche Süßigkeiten und Fruchtpasten verpackt. Heute wird Cajeta in Gläsern verkauft. Sie ist bei uns im Spezialitätenhandel erhältlich.

1½ l Milch · 1 TL Maisstärke · 1 Msp Backpulver
1 Vanilleschote · 500 g heller Rohrzucker

Die Milch in einen flachen, weiten Topf mit schwerem Boden gießen. Die mit dem Backpulver vermischte Maisstärke, das ausgekratzte Mark der Vanilleschote und den Zucker einrühren. Auf kleiner Flamme rühren, bis der Zucker aufgelöst ist. Zum Kochen bringen und über geringer Hitze weiterrühren, bis die Cajeta so dickflüssig ist, daß man beim Rühren den Topfboden sieht. Die Cajeta in eine Schüssel gießen und abkühlen lassen. Sie wird entweder allein in Mokkatäßchen oder als dicke Karamelsauce zu Vanille-Eis serviert oder zum Füllen von Crèpes verwendet. In einem Schraubglas hält sie sich wochenlang. Falls möglich, sollte sie je zur Hälfte aus Kuh- und Ziegenmilch zubereitet werden.

Limetten-Sorbet
Sorbete de limón

175 g Zucker · 300 ml Wasser

Saft und abgeriebene Schale von 8 Limetten

2 Eiweiß · 2 EL Zucker

Den Zucker mit dem Wasser und der abgeriebenen Limettenschale zum Kochen bringen und 10 Minuten auf kleiner Flamme kochen lassen. Den Zuckersirup abkühlen lassen und den Limettensaft zufügen. In eine Metallschüssel gießen und für eine Stunde ins Tiefkühlfach stellen. Anschließend herausnehmen, mit dem Handrührgerät kräftig durchrühren und das steif geschlagene, mit 2 EL Zucker gesüßte Eiweiß unterheben. Das Sorbet mit Aluminiumfolie abdecken und im Tiefkühlfach gefrieren lassen.

Erdbeeren mit Limettenschaum
Fresas con crema de limón

500 g Erdbeeren · 4 EL Cointreau · 300 ml Sahne

3 EL Puderzucker · 1 TL Sahnesteif

Saft und abgeriebene Schale von 1 großen Limette

75 ml trockener Weißwein · 2 Eiweiß

Die Erdbeeren entstielen, waschen, abtropfen lassen und halbieren. In eine Glasschale geben, mit dem Cointreau beträufeln und kühl stellen.
Die Sahne mit 1 EL Puderzucker, 1 TL Sahnesteif und der abgeriebenen Limettenschale steifschlagen. Damit die Sahne nicht gerinnt, zuerst den Weißwein, danach den Limettensaft vorsichtig

einrühren. Die beiden Eiweiß mit dem restlichen Puderzucker steifschlagen und unter die Limettensahne ziehen. Den Limettenschaum über die gut gekühlten Erdbeeren geben. Nach Belieben mit halbierten dünnen Limettenscheiben garnieren.

Birnen im Schokoladenmantel
Peras cubiertas

4 feste, aromatische Birnen · 250 ml Wasser
1 EL Zitronensaft · 4 EL Zucker · 1 Gewürznelke
½ Zimtstange · 1 TL Speisestärke · 6 EL geschlagene Sahne
4 EL heiße Milch · 1 Päckchen Vanillezucker
1 Prise Salz · 200 g dunkle Schokolade (Kuvertüre) · 1 EL Rum

Die Birnen schälen. Den Stil nicht entfernen. Das Kerngehäuse von unten her mit einem Apfelausstecher ausstechen.

Das Wasser mit dem Zitronensaft, dem Zucker und den Gewürzen aufkochen. Die Birnen einlegen und auf kleiner Flamme garziehen lassen, so daß sie ihre Form behalten. Die Birnen aus dem Sud heben. Den Sud nochmals zum Kochen bringen und mit der in etwas kaltem Wasser angerührten Speisestärke binden. Abkühlen lassen und mit der nicht zu steif geschlagenen Sahne zu einer Sauce verrühren.

Die heiße Milch mit dem Vanillezucker und einer Prise Salz in eine kleine Metallschüssel gießen. Über ein heißes Wasserbad setzen und die Schokolade darin schmelzen. Den Rum in die flüssige Schokolade rühren. Die Birnen so mit der Schokolade überziehen, daß sie noch einen »weißen Hals« haben. Die Birnen aufrecht auf Aluminiumfolie setzen und den Schokoladenüberzug fest werden lassen. Anschließend auf Teller setzen, mit der Sauce umgießen und servieren.

Mexikanisches Spritzgebäck

Churros

(Foto Seite 161)

Wie in Spanien werden auch in Mexiko Churros gern als Frühstück zu einer Tasse Kaffee oder Kakao gegessen.

250 ml Wasser · 100 g Butter · 1 Päckchen Vanillezucker
1 Prise Salz · 140 g Mehl · 3 Eier · Öl zum Ausbacken
1 TL gemahlener Anis · 150 g Puderzucker

Das Wasser mit der Butter, dem Vanillezucker und dem Salz aufkochen. Das gesiebte Mehl auf einmal hineinschütten. Mit einem Kochlöffel abrühren, bis sich die Masse nach etwa 2–3 Minuten vom Topfboden löst. Vom Feuer nehmen, leicht abkühlen lassen und nacheinander die Eier einrühren. Den Brandteig in einen Spritzbeutel mit Sterntülle füllen. Etwa 15 cm lange Stränke ins heiße Fritieröl spritzen und die Churros goldbraun ausbacken. Mit der Schaumkelle herausheben, auf Küchenpapier entfetten und noch warm mit dem mit Anis aromatisierten Puderzucker bestäuben. Am besten schmecken die Churros zu heißer Schokolade.

Schmalzgebäck

Buñuelos

Die Buñuelos sind ähnlich wie unsere Scherben oder Mutzen ein Festtagsgebäck, das in Mexiko besonders um die Weihnachtszeit gebacken wird. Statt mit Zimtzucker zu bestäuben, kann man sie auch in einen Zimtsirup (siehe Rezept Brotpudding Seite 145) tauchen. Traditionell wurden sie in Schmalz ausgebacken, doch in den letzten Jahrzehnten hat sich die Verwendung von pflanzlichen Ölen immer mehr durchgesetzt.

---

200 g Mehl · ½ gestrichener TL Backpulver

1 EL Zucker · 1 Prise Salz · 80 g Butter · 1 Ei

5—6 EL Milch · 100 g Puderzucker

1 TL Zimt · Öl zum Ausbacken

Das Mehl mit dem Backpulver, dem Zucker und einer Prise Salz in eine Schüssel sieben. Die Butter in die Mehlmischung kneten. Das Ei mit der Milch verquirlen und in die Mehlmischung gießen. Zu einem festen Teig verkneten und 30 Minuten ruhen lassen. Vom Teig etwa walnußgroße Stücke abnehmen und zu Kugeln rollen. Auf einer leicht bemehlten Arbeitsfläche dünn ausrollen. Nacheinander in einer etwa 2 cm hoch mit Öl gefüllten Pfanne oder in der Friteuse bei 170°C ausbacken. Dabei dürfen sich die Buñuelos leicht blähen. Auf Küchenpapier entfetten und mit dem mit Zimt vermischten Puderzucker bestäuben.

Nuß-Karamellen

Palanqueta de nuez

---

250 g brauner Rohrzucker · 150 ml Kondensmilch

25 g Butter · einige Tropfen Vanille-Essenz · 100 g Pecannüsse

---

In einem Topf mit schwerem Boden den Zucker, den Vanillezucker, die Milch und die Butter mit einem Holzlöffel auf kleiner Flamme so lange rühren, bis sich der Zucker aufgelöst hat. Zum Kochen bringen und auf kleiner Flamme zur »Kugel« kochen. Das heißt: wenn man etwas heißen Zuckersirup in kaltes Wasser tropfen läßt, muß er sich zwischen Daumen und Zeigefinger zur weichen Kugel rollen lassen. (Hat man ein Zuckerthermometer, so zeigt es 116–118°C.) Den Topf vom Feuer nehmen und den Topfboden kurz in kaltes Wasser tauchen, um den Karamel leicht abzukühlen. Mit einem Holzlöffel mehrere Minuten kräftig schlagen, bis der Karamelsirup dick und cremig wird. Die Vanille-Essenz einrühren und die grobgehackten Nüsse unterheben. Mit einem Spachtel auf ein gefettetes Blech setzen und fest werden lassen. Anschließend mit einem Messer in kleine Rechtecke schneiden.

Allerseelenbrot

Pan de muerto

Diese runden Zuckerbrote werden zu Allerseelen zum Gedenken an die Toten gebacken. Man verziert sie mit »Tränen« und gekreuzten »Knochen« aus Teig.

500 g Mehl · 40 g Hefe · 200 ml Milch · 80 g Zucker
1 Prise Salz · 3 Eier · 4 Eigelb · 50 g Butter
1 EL abgeriebene Orangenschale
3 EL Orangenblütenwasser · Eigelb zum Bestreichen
Kristallzucker zum Bestreuen

Das Mehl in eine Schüssel sieben. Die Hefe zerbröckeln und in einer kleinen Schale mit der lauwarmen Milch, 3 EL Mehl und einer Prise Zucker verrühren. Diesen Vorteig zugedeckt etwa 15 Minuten gehen lassen. Das Mehl mit dem Zucker und dem Salz mischen. Eine Vertiefung in die Mitte drücken. Dahinein die Eier und die Eigelb, die Butter in kleinen Flocken, die abgeriebene Orangenschale und das Orangenblütenwasser geben. Den aufgegangenen Vorteig dazuschütten und alles zu einem glatten Teig verarbeiten. Mit einem Küchentuch abdecken und an einem warmen Ort gehen lassen, bis der Teig sein Volumen verdoppelt hat. Anschließend nochmals kräftig durcharbeiten. Ein Stück Teig abnehmen und daraus zwei gleich große Stränge mit verdickten Enden ähnlich einem »Knochen« formen und außerdem vier mandelgroße »Tränen« modellieren. Den restlichen Teig zu einem runden Laib formen, auf ein gefettetes Blech setzen und mit verquirltem Eigelb bestreichen. Die beiden Stränge über Kreuz daraufsetzen, die Tränen in die Zwischenräume geben. Mit Eigelb bestreichen und mit Kristallzucker bestreuen. Im 180 °C heißen Ofen etwa 50 Minuten backen.

Weihnachtsplätzchen
Biscochitos

Diese nach Anis duftenden Plätzchen sind in Mexiko und im amerikanischen Südwesten das traditionelle Weihnachtsgebäck. Sie werden gewöhnlich zu heißer Schokolade serviert. Früher wurden sie stets mit frischem Schweineschmalz zubereitet. Heute verwendet man auch Margarine oder Butter. Die Plätzchen werden meist als dreiblättrige Lilienblüten (Fleurs-de-lys) ausgestochen.

250 g Mehl · 1 TL Backpulver · 2 TL gemahlener Anis
125 g Butter oder Margarine · 100 g Zucker · 1 Prise Salz
1 Eigelb · 2 EL Rum · Zucker und Zimt zum Bestreuen

Das Mehl sieben und mit dem Backpulver und dem gemahlenen Anis vermischen. Das weiche Fett mit dem Zucker, einer Prise Salz und dem Eigelb cremig rühren. Die Mehlmischung und den Rum nach und nach einarbeiten. Den Teig zur Kugel formen und

30 Minuten kühl stellen. Anschließend etwa 4 mm dick ausrollen. Plätzchen ausstechen und auf leicht gefettete Bleche legen. Im 180 °C heißen Ofen in etwa 8 Minuten helle Plätzchen ausbacken. Die Biscochitos noch warm mit Zimtzucker bestreuen.

Teigtaschen
Empanadas

Diese Teigtaschen werden mit Vorliebe an religiösen Festtagen und um die Weihnachtszeit gegessen. Man kann sie entweder aus Hefeteig machen und in Öl fritieren oder aus einem Mürbeteig und auf dem Blech backen. Man füllt sie gewöhnlich mit einem Mus aus Dörrobst oder Kürbis, aber auch mit einer Fleisch- und Rosinenfüllung.

250 g Mehl · 1 Msp Backpulver · 1 Prise Salz
125 g Margarine oder Butter · 3–4 EL eiskaltes Wasser
Puderzucker zum Bestäuben · 1 Eigelb zum Bestreichen
FÜR DIE FÜLLUNG:
150 g getrocknete Aprikosen · 100 g Zucker
1 TL Zimt · 2 EL Korinthen oder Pinienkerne

Das Mehl sieben und das Backpulver sowie etwas Salz zufügen. Mit der Margarine krümelig vermischen, mit dem eiskalten Wasser binden und schnell zu einem Teig kneten. Etwa 30 Minuten kühl stellen.
Für die Füllung die Aprikosen mit Wasser bedecken, zum Kochen bringen und auf kleiner Flamme weich dünsten. Die Aprikosen auf ein Sieb schütten und abtropfen lassen. Danach zusammen mit dem Zucker und dem Zimt im Mixer oder mit dem Pürier-

stab des Handrührgeräts pürieren. Mit den Korinthen oder Pinienkernen vermischen und abkühlen lassen.

Den Teig dünn ausrollen und etwa 10 cm große Kreise ausstechen. Je einen Löffel Aprikosenfüllung auf eine Kreishälfte geben. Den Innenrand mit verquirltem Eigelb bestreichen und die andere Teighälfte über die Füllung schlagen. Die Ränder zusammenpressen. Die Oberfläche der Empanadas mit Eigelb bestreichen und mit einer Gabel ein- bis zweimal einstechen, damit der Dampf beim Backen entweichen kann. Auf ein gefettetes Backblech setzen und im 200 °C heißen Ofen etwa 25 Minuten backen.

Getränke

Bebidas

Der Tag fängt in Mexiko mit einer Tasse heißen Kaffees an und hört mit einer heißen Schokolade auf — beides Getränke, die einst den Aztekenherrschern vorbehalten waren. Zum Essen wird heute hauptsächlich Bier oder Mineralwasser getrunken. Das mexikanische Hochland ist reich an Mineralquellen.

Gerstenbier wurde bereits im 16. Jahrhundert in den Klöstern gebraut. Im 19. Jahrhundert entstanden die großen Brauereien, die oft von deutschstämmigen Einwanderern gegründet wurden. Gegen den Durst, der in dem heißen Klima sehr groß ist, trinkt man die vielen *Refrescos* und *Jugos,* die eisgekühlten Fruchtsaftgetränke, aber auch stärkende Mais- und Reiswassergetränke, die *Atoles* und *Horchatas.*

Im allgemeinen trinkt man in Mexiko wenig Wein. In den letzten Jahrzehnten hat der Weinanbau jedoch einen beachtlichen Aufschwung erfahren. Zum mexikanischen Essen passen am besten kräftige, robuste Weine.

Das älteste alkoholische Getränk Mexikos ist *Pulque,* ein fermentierter Agavensaft, den schon die Azteken schätzten. Pulque muß frisch getrunken werden und wird deshalb nicht exportiert. Die Spanier, die die Kunst des Destillierens nach Mexiko brachten, brannten daraus Schnaps. Der im Ausland wohl beliebteste Agavenbranntwein ist der *Tequila,* benannt nach der kleinen Stadt Tequila im Bundesstaat Jalisco. Man kann ihn als »Appellation controlée« bezeichnen, da nur die doppelt gebrannten Agavenschnäpse aus Tequila und einigen anderen Orten im Gebiet von Guadalajara diesen Namen führen dürfen. Unter den weiteren Agavenschnäpsen ist der rauhere *Mezcal* hervorzuheben. Er hat zum Zeichen seiner Echtheit einen Agavenwurm in der Flasche. Man sagt, daß diese »Maguey-Würmer« (Maguey spanisch für Agave) Mut verleihen. Sicherlich gehört Mut dazu, diesen Schnaps zu trinken.

Kaffee aus dem Topf
Café de olla

Dieser starke, mit Zimt aromatisierte Kaffee wird in kleinen Tontöpfchen nach dem Essen serviert.

1 l Wasser · 1 Zimtstange · 2 Gewürznelken
80 g dunkler Rohrzucker · 3–4 gehäufte EL gemahlener Kaffee

Das Wasser zusammen mit den Gewürzen und dem Zucker auf kleiner Flamme zum Kochen bringen. Anschließend den Kaffee hineinschütten und nochmals unter Rühren kurz aufkochen. Vom Feuer nehmen und etwa 3 Minuten ziehen lassen. Durch ein Sieb in 4 Tontassen oder Henkelbecher gießen und servieren.

Mexikanische Schokolade
Chocolate caliente
(Foto Seite 161)

Bei den Azteken war Schokolade ein starkes bitteres Kaltgetränk. Es war nur den Vornehmsten vorbehalten und galt als besonderes Stärkungsmittel. Erst am spanischen Hof fügte man der »indiani-

Mexikanisches Spritzgebäck, Mexikanische Schokolade (Rezepte Seite 153, 160)

schen Brühe« Zucker, Gewürze und Milch hinzu. In Mexiko bereitet man das Getränk nicht aus Kakaopulver, sondern aus Schokolade zu, die in Stücke gebrochen und mit einem besonderen Quirl, dem »molinillo«, in die heiße Milch gerührt wird.

---

500 ml Milch · 250 ml Sahne · 6 EL Zucker

2 TL gemahlene Mandeln (nach Belieben)

150 g dunkle Schokolade (Kuvertüre) · 1 Prise Zimt

Die Milch mit der Sahne, dem Zucker und nach Belieben mit den gemahlenen Mandeln verrühren. Zum Kochen bringen, vom Feuer nehmen und die zerschnittene Schokolade unter Rühren darin auflösen. Die Schokolade mit etwas Zimt würzen, schaumig quirlen und sehr heiß servieren.

Limonade

Limonada

---

1 Limette · 150 g Zucker · 1 l Mineralwasser

Die Limette heiß abwaschen, trockenreiben und grob zerschneiden. Zusammen mit dem Zucker und etwa 300 ml Mineralwasser im Mixer pürieren. Die Flüssigkeit durch ein Sieb in einen Glaskrug abseihen. Das restliche Mineralwasser zugießen. Gut gekühlt mit Eiswürfeln servieren.

Ananas-Erfrischungsgetränk
Refresco de piña

---

500 g gewürfelte Ananas · 1 Flasche Mineralwasser

Zucker nach Geschmack

Die Ananaswürfel mit 300 ml Mineralwasser im Mixer pürieren. Gesüßte Ananas aus der Dose nicht mehr süßen, frische Früchte nach Geschmack. Das restliche Mineralwasser zugießen. Gut gekühlt mit Eiswürfeln servieren. Nach Belieben etwas Rum zufügen und mit Minzblättchen garnieren.

Hibiskusblüten-Wasser
Agua de flor de Jamaica

Dieses tiefrote, sehr erfrischende Getränk ist ungemein durststillend. Man kann es zur Abwechslung mit einem leichten Rotwein oder mit einem Schuß Tequila vermischen. Die Malven- oder Hibiskusblüten sind als »Flor de Jamaica« im Spezialitätenhandel erhältlich.

---

100 g Hibiskusblüten · 250 ml kochendes Wasser

1 l Mineralwasser · Zucker nach Geschmack

Die Hibiskusblüten kalt abspülen. Mit dem kochenden Wasser übergießen und etwa 30 Minuten ziehen lassen. Anschließend abseihen, mit dem Mineralwasser aufgießen und mit Zucker nach Geschmack süßen. Gut gekühlt servieren.

Melonen-Wasser

Agua de melón

---

500 g gewürfelte Wassermelone · 750 ml Mineralwasser

1 Prise gemahlener Ingwer · Zucker nach Geschmack

Die Melonenwürfel mit etwa 250 ml Mineralwasser, einer Prise gemahlenem Ingwer und Zucker nach Geschmack im Mixer pürieren. Mit dem restlichen Mineralwasser aufgießen. Gut gekühlt servieren.

Eierlikör

Rompope

---

750 ml Milch · 300 g Zucker · 1 Vanilleschote

2 Gewürznelken · 1 EL gemahlene Mandeln

6 Eigelb · 250 ml weißer Rum

Die Milch mit dem Zucker, den Gewürzen und den gemahlenen Mandeln unter ständigem Rühren zum Kochen bringen. Auf kleiner Flamme etwa 5 Minuten kochen lassen. Die Eigelb cremig rühren. Etwa ein Viertel der heißen Milch nach und nach mit den Eigelb vermischen. Anschließend diese Mischung abseits vom Feuer langsam in die restliche heiße Milch rühren. Zurück auf kleinste Flamme setzen, mit einem Holzlöffel so lange rühren, bis die Mischung andickt. Dabei nicht mehr kochen lassen. Die Gewürze entfernen und den Rum einrühren. In eine Flasche gießen, verkorken und für mindestens 2 Tage in den Kühlschrank stellen. Als Likör, mit etwas geriebener Muskatnuß bestreut, servieren oder als Sauce über Eis und Obstsalate geben.

Reisgetränk
Horchata

---

200 g Reis · 2 EL gemahlene Mandeln · 1 Zimtstange

500 ml kochendes Wasser · 500 ml heiße Milch

4 EL Zucker · 1 TL Vanille-Essenz

Den Reis in ein Sieb schütten, kalt abspülen und abtropfen lassen. Zusammen mit den gemahlenen Mandeln und der Zimtstange in ein Gefäß geben und mit dem kochenden Wasser und der heißen Milch vermischen. Zugedeckt abkühlen lassen und über Nacht in den Kühlschrank stellen. Anschließend die Zimtstange entfernen und den Reis samt der Flüssigkeit im Mixer pürieren. Die Flüssigkeit durch ein mit Käseleinen ausgelegtes Sieb abseihen. Die Rückstände gut auspressen. Danach den Zucker und die Vanille-Essenz in die Flüssigkeit einrühren. Gut gekühlt servieren.

Vampir
Vampiro

Wie spitz die Zähne dieses Vampirs sind, hängt davon ab, wieviel Sangrita man zugießt.

---

3 cl weißer Tequila · 1 TL Limettensaft

Sangrita zum Auffüllen

Tequila und Limettensaft in einem Glas verrühren und mit Sangrita auffüllen.

Sangrita

Sangrita

Sangrita ist ein scharf gewürztes Erfrischungsgetränk, das gern zu oder nach einem Glas Tequila getrunken wird.

500 ml Tomatensaft · Saft von 1 großen Orange
Saft von 2 Limetten · 1 sehr feingewürfelte Schalotte
½ TL Salz · 1 Prise Cayennepfeffer oder einige Spritzer Tabasco

Den Tomatensaft mit dem Orangen- und Limettensaft in einem Glaskrug vermischen. Die gewürfelte Schalotte einrühren. Man kann sie aber auch durch eine Knoblauchpresse in den Saft pressen. Mit Salz, Cayennepfeffer oder einem Spritzer Tabasco abschmecken. Gut gekühlt servieren.

Tequila Sunrise

Tequila del sol

Wenn sich die verschiedenfarbigen Flüssigkeiten dieses Longdrinks vermischen, sieht man einen mexikanischen Sonnenaufgang in seinem Glas.

Gestoßenes Eis · 2 TL Grenadine · 50 ml weißer Tequila
50 ml Orangensaft · 2 TL Limettensaft
Sodawasser zum Auffüllen

Grenadine über gestoßenem Eis in ein hohes Glas gießen. Tequila mit Orangen- und Limettensaft mischen und vorsichtig auf den Grenadine gießen. Mit Sodawasser auffüllen.

Margarita

Margarita

(Foto Seite 72)

Das ist der bekannteste mexikanische Cocktail. Er wird in Stielgläsern serviert, deren Ränder mit einer halbierten Limette eingerieben und in Salz gedreht werden, so daß ein dünner Salzrand entsteht. Bekanntlich wird sein Hauptbestandteil Tequila ja auch mit Salz und Limetten getrunken: Erst wird etwas Salz vom Handrücken geleckt, dann ein Glas Tequila heruntergestürzt und anschließend beißt man in einen Limettenschnitz.

3 cl Tequila · 1 cl Triple Sec · 1 cl Limettensaft

Im Cocktailshaker mit 3–4 Eiswürfeln schütteln und in ein vorbereitetes Cocktailglas seihen.

Abschiedskuß

Besito

Kahlúa ist ein beliebter mexikanischer Kaffeelikör. In Europa wird er aus mexikanischen Kaffeebohnen nach dem Originalrezept in Lizenz hergestellt. Ein angenehmer Drink zum Abschluß einer mexikanischen Mahlzeit!

3 cl Kahlúa · 1 EL leicht geschlagene Sahne

Kahlúa in ein Likörglas gießen, darüber etwas leicht geschlagene Sahne geben und servieren.

Bezugsquellenverzeichnis

Die folgenden Firmen liefern Spezialitäten für die mexikanische
Küche und versenden auch Bestell-Listen.

Aachen:

Mex-AL El Sombrero GmbH
Carmen Enriquez de Wolharn
An der Schurzelter Brücke 13
5100 Aachen
Telefon: (0241) 14491

Göttingen:

Gewürzhaus Alfred Ewert
Weender Straße 84
3400 Göttingen
Telefon: (0551) 57020

Hamburg:

Mexiko-Haus
Gaedke GmbH
Wichmannstraße 4
2000 Hamburg 52

München:

MaiLing am Viktualienmarkt
Westenriederstraße 8a
8000 München 2
Telefon: (089) 294011

Deutsches Register (alphabetisch)

Spanisches Register (alphabetisch)

HEYNE KOCHBÜCHER

DIE PREISWERTEN KULINARISCHEN REISEFÜHRER
IM WILHELM HEYNE VERLAG